学会
ASK YOUR
WAY FORWARD
给自己
提 刘良钰 著 问

中国科学技术出版社

·北京·

图书在版编目（CIP）数据

学会给自己提问 / 刘良钰著 . -- 北京 : 中国科学
技术出版社 , 2025. 7. -- ISBN 978-7-5236-1463-1

Ⅰ . B848.4-49

中国国家版本馆 CIP 数据核字第 20255GD168 号

策划编辑	何英娇		**责任编辑**	何英娇	
封面设计	东合社		**版式设计**	愚人码字	
责任校对	吕传新		**责任印制**	李晓霖	

出　　版	中国科学技术出版社
发　　行	中国科学技术出版社有限公司
地　　址	北京市海淀区中关村南大街 16 号
邮　　编	100081
发行电话	010-62173865
传　　真	010-62173081
网　　址	http://www.cspbooks.com.cn

开　　本	880mm×1230mm　1/32
字　　数	168 千字
印　　张	8.5
版　　次	2025 年 7 月第 1 版
印　　次	2025 年 7 月第 1 次印刷
印　　刷	大厂回族自治县彩虹印刷有限公司
书　　号	ISBN 978-7-5236-1463-1/B·208
定　　价	69.00 元

>>> 各界赞誉 <<<

在这个信息洪流澎湃、变化疾速的 AI 时代，真正稀缺的，不是答案，而是能穿透迷雾的好问题。《学会给自己提问》恰恰是一部教人如何点亮"内在搜索引擎"的书。

良钰教练是我在生命教练旅程中的同行伙伴，她始终保持着对生命的深刻思考和对教育的执着追求。我见证她如何用敏锐的觉察、扎实的方法论和温暖的人文关怀，陪伴他人穿越迷茫、重拾掌控权。这本书承载了她十一年来的实践精华，也是一位母亲、教练、创业者与修行者的生命回响。

良钰不是在教授"如何更努力地活着"，而是邀请我们在每一个当下停下来，对焦当下、反问本心——这恰是我们在 AI 时代依然无法被替代的元能力。人类最根本的跃迁，不靠算力，而靠觉察与提问的勇气。

如果你愿意成为自己人生的教练、在混沌中找到方向、在压力中保持清明，这本书值得你反复阅读。愿我们都能学会提出好问题，然后在问题中照见真正的自己。

——比音勒芬集团副总经理 金芬林

很多领导力培训和教练培训，都在教管理者怎么给别人提问，激发他人的潜能。这个能力固然重要，但是在此之前，每一个管理者和领导者首先要做到的就是"学会给自己提问，成为自己的教练"。在这个时代，很多时候"上级"也不见得有清晰准确的答案，而给自己提问，本质上是成为自己的观察者，以及系统的观察者。问题提对了，往往答案就有了。

——安踏集团安踏学园校长　梁家广

良钰老师是我心目中理想的成长教练的样子。因为她真的是一位非常乐于帮助他人，非常善于向内求索的好老师。我在跟她的每一次交流中，都能够感受到她身上强大的专业力以及利他之心。这本《学会给自己提问》，我相信一定能够帮助很多迷茫中的朋友、很多不知道如何去探索自我优势的朋友、不知道怎么激发自己更多可能性的朋友。强烈推荐给每一个渴望成为更好自己的你！

——《代表作》《定位高手》作者、书香学舍主理人　刘 Sir

我的青少年时期几乎每个下午都是在田径场度过的。虽然最终未成为专业运动员，但那些在跑道上挥洒汗水的日子，让我学会了勇气与坚持，学会了设立目标，懂得只要有勇气逼出自己的极限，就没有什么困难不能克服。我的长跑教练，是对我青少年时期影响最大的人。

进入职场多年，我曾像许多技术出身的管理者一样，陷入认知局限、能力不足、思路不清的困境。幸运的是，我和同事们结识了良钰教练和曌乾团队。在一次训练营中，良钰教练凭借 11 年的教练经历、敏锐的洞察力和深度的人文关怀，帮助我们打开认知，进化意识，突破自我，提升能力。如今，她将经验和心血凝结成这本《学会给自己提问》，再次引领我们开启一场自我成长的进阶之旅。

人生是一场漫长且艰难的马拉松，充满了未知和挑战。在这条路上，在我们不断与自己较量、突破极限的旅程中，有益友同行，有良师相伴，何乐而不为呢！我相信"教练"的力量！

——柳沈律师事务所合伙人会议主席　马涛

这是良钰教练倾心打造的个人成长宝典，它的含金量是特别高的。如果你想好好开发自己这座大宝藏，如果你想活得更明白、更勇敢、更幸福，我强烈推荐你阅读这本书！

——《一年顶十年》作者　剽悍一只猫

真正的教练思维，始于对"人本潜能"的坚定信念——每个人都独特且完整，答案早已藏在自身。良钰教练的独特之处，在于她将这套哲学"刀刃向内"，以教练技术自我对话、破局成长。这种实践不仅需要方法论的精熟，更需直面盲区的勇气。本书远不止于技术手册，它是一把钥匙，解锁你的自我觉察力；也是一面镜子，映照出那些被习惯性逃避的可能性。推荐给所有不甘停滞、愿以好奇与勇气探索自我边界的长期主义者。

——北京新东方学校人力资源总监　王斌

作为多年的人力从业者，我深知专业教练对个人与组织成长的价值。刘良钰老师在合作中展现出的深厚专业功底、对教练事业的赤诚信仰，令人钦佩。她的新作《学会给自己提问》，以丰富实战经验为基，引导读者通过深度自我提问实现认知跃迁。推荐每位职场人阅读，在书中探寻自我进化的密钥，解锁人生更多可能。

——老虎国际人力资源副总裁　王坚

东方的智者早在 2500 年前就谆谆教诲：知人者智，自知者明。《学会给自己提问》犹如一泓清泉，浸润着现代人干涸的心灵土壤。书中"成为自己的教练"的核心理念，与东方智慧中"心如明镜"的古老哲思遥相呼应。真正的成长，始于放下对外界的攀附，转而以温柔而犀利的提问擦拭心镜，让本自具足的智慧逐渐显影。

当喧嚣世界以答案的洪流席卷众生，此书却教人以问为舟，驶向内在的静水深流。每一个真诚的自我叩问，都是拨开思维迷雾的清风，让生命在不疾不徐的觉察中舒展枝叶。这恰似东方园林的造境艺术：不强行修剪，而是通过巧妙的设问引导心灵自然生长，最终成就独具韵味的生命景观。

书中的各种教练提问技法，将教练工具化为润物无声的晨露。它不灌输真理，却教会我们以提问为锄，深耕心田的荒芜；不塑造完美，却让人在"问与答"的涟漪中，照见真实自我的倒影。《学会给自己提问》为在迷途中的读者们，点亮了一盏不灭的心灯。当世人追逐外在的答案时，它引导读者们，敢于向自我的内在发问，回归教练的东方哲学思想，支持每个人将双手放回到自己的心口，相信：我，本自具足！

——东方教练 App 平台创始人　唯恒

良钰教练在书中有一个多次提及的观点：我们的成长，在很大程度上取决于我们自我觉察和提问的速度。

我想对此做一个扩展：我们的成长，在很大程度上取决于我们自我觉察和提问的速度和锐度。

速度方面，书中介绍了很多实用的提问和聆听方法，帮助我们事后及时复盘，甚至当下觉察并即刻调整；锐度方面，则体现在良钰分享工作与生活中的案例时，所展现出的极度真诚和善意。当原本偏向柔性能量的真诚和善意，被良钰以极致的方式展现出来，便具有了相当的力量和深刻性。

——ICF 国际教练联合会 MCC 大师级教练、

马歇尔·戈德史密斯利益相关者中心教练法（MG SCC）

高管教练、《击穿组织的本质》《成就卓越》作者　吴雁燕

（Cathleen）

我 2018 年开始学习教练，迄今为止已经 7 年了，关于自我对话我受益颇深。这本讲自我提问的书，就是针对自我教练时，如何看见真实问题，实时觉察自己是否被念头带走了，敏锐捕捉自己情绪背后的起心动念。因为念头、想法、信念都是自己的一个方面，不能代表全部的、真实的自己。我觉得这是一本值得每节都要记笔记的书，我自己年阅读 100 本，精读 20 本书，这本书是我的精读之一，我记了十来页笔记，将书中大量提问话术做了整理，方便自己随时查看。

——《阅读是富养自己最好的方式》作者、读书博主　筝小钱

在这个职场赛道愈发拥挤的时代，学会自我提问不再是锦上添花的技能，而是关乎职业生存与发展的核心武器。请相信，当你敢于直面内心的困惑，用提问的凿子凿开认知的壁垒，那些曾让你辗转难眠的职业迷茫，终将化作照亮前路的璀璨星光。

——北森人才管理研究院院长、首席人力资源官　周丹

提到"学会提问"，我们的惯性思维都是给别人提问，但或许"学会给自己提问""与自己深度对话"才是每个人首要的、更须关注的事儿。

《学会给自己提问》这本书，不局限于聚焦教授提问的技巧和框架，更多的是从自我认知迭代这一本质出发，引导读者去觉察思维、正视并接纳情绪，从终身学习的思维模式中去内观、复盘，通过深度聆听，照见自我、重塑与他人的关系。

良钰教练通过分享亲身的经历及鲜活的案例，带给我非常生动的阅读体验。

认知质量决定了行为质量，若你想多一些认知上的"顿悟时刻"，那么打开这本书，这本蕴含了情感与温度，兼具认知与方法的书，让她带给你能量，启发、挖掘那个潜在的、更好的自己。

——某知名金融机构人力资源部总经理　周娜

在生命的十字路口，关于觉察与重生的思考

人生如棋局，每一步都可能带来意想不到的转折。当我们站在命运的拐点时，往往会被困惑和恐惧牵绊。如何在迷雾中找到前进的方向？如何将看似阻碍的困境转化为成长的契机？

答案就是，学会提问——学会向别人提问，更要学会向自己提问。

7年前，我与本书作者良钰共同创立了曌乾组织教练平台。这段旅程不仅让我深刻理解了"学会给自己提问"的力量，还让我对她的专业素养和人文关怀有了全新的认识。作为我最信任的创业伙伴，良钰以她独特的洞察力和执着的追求，为这套"深度觉察与自我提问"的方法注入了大量心血。这套方法并非书本上干巴巴的理论，而是经过了无数实践检验的实用性工具——它像一把精准的手术刀，帮助人们剖开困惑的表象，直达问题的核心。

在当下社会，人们普遍陷入焦虑与困惑：

面对突如其来的变故，我为何总是无力招架？

面对人际关系的冲突，我为何总是举棋不定？

这些困惑，似乎成了现代人的集体阴影。

破除困局的关键，在于"觉察"。通过观照事实、接纳情绪、审视愿望、重塑信念，最终实现蜕变和成长。你要记住：痛苦不是人生的对立面，而是成长路上不可或缺的基石。当我们学会以平和之心面对生活中的挫折，觉醒、转念、重塑，困境就会自然地转化为通向更广阔世界的阶梯。

在我自己 19 年的教练生涯中，我亲眼见证了无数人通过"学会给自己提问"找到生命的新方向：一位被晋升困境困扰的中层管理者，通过觉察自己的恐惧与渴望，最终找到了职业发展的全新可能；一位遭遇婚姻危机的家庭主妇，通过接纳情绪、重塑信念，最终收获了更幸福的生活。这些案例都印证了作者对这套提问方法的深刻理解与独特诠释。

良钰以她敏锐的洞察力和丰富的实践经验，为"学会给自己提问"注入了更多人文关怀。她总能精准地触及人心最深处的困惑，并以温暖而坚定的方式引导人们走出迷雾。这种既严谨又充满人情味的教学风格，让无数学员在成长过程中感受到希望与力量。

最让我佩服的是，良钰始终保持着对生命的深刻思考和对教育的执着追求。她相信每个人都值得拥有更美好的生活，也相信"学会给自己提问"能够帮助人们找到属于自己的答案。这种信念，让她在过去创业的 7 年里不断前行，也让这套方法在实践中越发成熟。

　　这本书是作者 11 年教练心血的结晶，凝聚了她对生命、教育和成长的深刻思考。书中生动的案例，充满了作者细腻的心理感触，以及深刻的哲学思考与洞察。通过阅读这本书，读者不仅能掌握实用的方法，更能感受到人性的温暖与力量。

　　我真诚地向所有正在寻找生命答案的人推荐这本书。作者良钰用她的智慧和经验，为我们打开了一扇通向更美好生活的大门。

　　这本书不是答案之书，而是提问之书。当你翻开它，便已踏上一条自我觉醒的路。每一个问题，都是一把钥匙；每一次觉察，都是一次重生。

　　我们需要的不是完美的答案，而是提出问题的勇气——对情绪提问，对困境提问，对信念提问，直到照见内心最深处的渴望。你会发现生命中最美好的风景，往往在你决定勇敢前行的那一刻就已存在。

　　让我们一起在这条觉察与重生的道路上，找到属于自己的人生答案。

曋乾组织教练创始人　曹柏瑞

2025 年 3 月

于北京

在提问中照亮职业成长之路

在人力资源咨询行业跋涉二十余载，我目睹过无数职场人在迷雾中徘徊。有人像被安在传送带上的零件，机械地做着日复一日的工作，却始终寻不见自己的价值坐标；有人如同迁徙途中迷失方向的候鸟，频繁更换工作，却始终未能找到契合的职业栖息地；还有人站在职业分岔路口，面对无数闪烁的选择指示灯，陷入深深的迷茫与无措……

与他们深入交流后我发现，这些职业困境的症结，往往都指向同一个缺口——我们太擅长回答外界抛来的问题，却忘了给自己的内心留一盏提问的灯。

《学会给自己提问》的作者良钰，早年在咨询公司工作时，就以专业的解决方案与雷厉风行的工作作风，成为客户信赖的"职场多面手"。然而，一次深夜加班后的自我叩问，撕开了她专业"外壳"下的困惑，也点燃了她探寻职业真相的热情。

我究竟创造了什么独特价值？

工作中哪些瞬间让我眼中有光？

如果走出舒适区，我愿意为热爱付出怎样的代价？

带着这些疑问，她开始系统钻研"教练技术"。在帮助其他人穿越职业迷雾的过程中，她深刻领悟到——提问的力量远超直接给出答案。

在本书中，良钰将个人从企业人转型到创业者，研究实战经验与专业理论的深度融合，既有对转型初期过度依赖技术工具陷入低效的反思，也有在数百场教练对话中提炼出的"3F结构化聆听"等各种极具启发性的提问模型。例如，最让我印象深刻的三个问题是：

我对什么不满？

我期待的是什么？

我可能开始的第一步是什么？

这些源于实战的经验总结，让这本书超越普通工具书的范畴，成为一部既有方法论指导，又充满人性温度的成长指南。

这种自我提问的习惯，不仅彻底改写了她的职业剧本，更成为贯穿她人生的灵魂线索。如今，良钰将她做教练十余年来总结出的自我提问方法与心得，尽数写在了这本书中。

书中的她，如同一位睿智的向导，带着读者深入问题的腹地，手把手教大家分辨真问题与假问题、优质问题与无效问题的本质差异。更令人惊喜的是，良钰将这份提问的智慧编织进了生活的经纬：与孩子探讨未来时的循循善诱，和家人沟通矛盾时的层层追问，都在诉说着提问技巧跨越场景的通用性与生命力。

当你真正掌握了提问的艺术，就会发现对话不再是单向的信息传递，而是一场思维的共舞，在一问一答中达成了更深层的理解与共鸣。

在过去二十年的人力资源咨询与观察中，我发现思维模式的突破远比技能叠加更具价值，尤其体现在职业发展的关键跨越阶段。那些能持续向上的人，都懂得用"反本能"思维打破舒适区：当习惯用"我擅长什么"定义职业时，试着问"我该突破什么"；当陷入执行惯性时，逼自己对每个决策多问三层"为什么"。深度思考不是钻牛角尖，而是在专业领域构建"问题树"，从行业本质、岗位逻辑到个人价值链条的层层拆解。真正的职业跃迁，始于敢对自己的思维"动刀"，在每一次自我质疑、提问与重构中，让认知维度实现指数级成长。

在这个职场赛道越发拥挤的时代，学会自我提问不再是锦上添花的技能，而是关乎职业生存与发展的核心武器。它既能帮我们斩断当下的困惑，更能锻造我们独立思考与自主决策的思维，为长远的职业征程铸就坚实的铠甲。无论你是初入职场的萌新，还是在转型浪潮中浮沉的老将，翻开这本书，就如同开启一场与自我深度对话的奇妙旅程。请相信，当你敢于直面内心的困惑，用提问的凿子凿开认知的壁垒时，那些曾让你辗转难眠的职业迷茫，终将化作照亮前路的璀璨星光。

北森人才管理研究院院长、首席人力资源官　周丹

2025 年 5 月 25 日

于北京

自序

亲爱的朋友，你好！

我们终于相遇了。

今天是 2025 年 2 月 19 日，我坐在洒满冬日暖阳的书房里，平静又喜悦，任由内心的声音通过这些文字流淌出来。我不仅看见了自己，也看见了正在耐心阅读这些文字的你。感恩有你！

今年是我做教练的第 12 个年头，感谢生命的馈赠，让我在 38 岁时开启教练的学习与实践。如今的我，已是天命之年。每每夜深人静，我总会问自己这个问题：

我如何在有生之年，帮助更多人去创造自己理想的人生？

这个简单而朴素的初心，源于我看到太多的职场人尚未成为理想的模样，更未能与组织共赢。而十多年的组织教练实践，让我清晰地知道：只要拥有教练智慧，只要主动进化，每个人都能实现自我超越，成功拥有自己理想的事业、家庭、人生，并且最大化实现与组织共赢。

为了实现这个初心，我付出了大量努力与艰辛。原本作为一名独立教练，我已经成功地完成了从咨询到教练的职业转型。在 2014—2017 年，不仅个人收入持续增长，更实现了生活与工作的真正平衡。然而在 2018 年，当自己即将 43 岁的时候，我选择与一群素未谋面（仅仅一起上了 5 周线上课）的教练同窗，共同创建教练平台，推动行业发展。由此开启了一位中年女性——专业人士、二孩妈妈——跨越数千个日夜的创业之路。

至今，我和我的合伙人们，从 0 到 1，一起走过了整整 7 个年头。我们创立的曌乾组织教练，已经成为国内具有一定影响力和良好口碑的专业教练机构。我依然坚持亲自培养专业组织教练，并且在不同的公司里设计和交付组织教练项目，支持首席执行官（CEO）和核心团队以及组织中的中高层管理者加速领导力与心智的跃迁，以此驱动业务增长与组织效能提升。

然而，成为一个合格的组织教练，是一条漫长的修炼之路，有着非常高的要求。即便有专业的组织教练去支持 CEO 与高管的成长，真正落实到组织中，每个人的高效工作、心智成长、自我超越、团队学习、组织进化，仍需较长的时间。

我的初心还在，我将基于这份初心，加速对职场人的支持力度，扩大影响范围。我坚信自己已经获得的成长和进化，一定是成千上万的职场人、创业者都可以获得的；我坚信自己走通的成长进化之路，有更多人可以一样走通；我深知上天安排我在 39 岁到 49 岁这 10 年里去经历真正的蜕变，一定不仅仅是"为我而来"——我是一个管道，一定有什么东西会"经由"

我，去传递给更多人，影响到更多人。这便是我的使命：传播教练智慧，促进人类意识进化。

我想帮助更多人，在获得事业成功的同时，拥有幸福的家庭生活；

我想帮助更多人，在职业发展遇到瓶颈的时候，不再迷茫，内心笃定，步伐敏捷；

我想帮助更多人，在工作中更有勇气和能量，以终为始，从被动追随转变为主动引领；

我想帮助更多人，做到自我觉察，减少干扰，发挥最大的潜力，为企业和社会做出更大贡献；

我想帮助更多人，成为下属、团队，甚至孩子的榜样，经由自己的主动进化，创造更加赋能的环境，让他人也成为更好的自己。

如果你正是这些"更多人"，此刻，让我们彼此拥抱吧！

通过这本书，你能获得信心、勇气、力量、支持；你会经由一个个鲜活的故事，透过别人（良钰和他人），看见你自己。也许，生活的艰辛和工作中的压力与挑战，正在消磨你的意志、挑战你的能力、打击你的自信、摧毁你的渴望。假设如此，这本书将成为你的伙伴、朋友、教练、战友与亲人，给你带来更多的理解与能量，支持你探索自己、赋能自己、成就自己！

这一切，都关乎主动进化的意识与行动，关乎真正成为自己的"人生教练"。这一切，都关乎跳出自我方能成就自我的使命与格局，关乎人生价值的终极实现。

那么，如何开启主动进化？

答案是：学会给自己提问。

当你真正学会了无论面对什么挑战、未知、困境与挫折，都能先给自己提出不一样的问题，从而做到深度内观、当下觉察、系统思考时，你不仅能成为解决问题的高手，更能重新定义问题，让问题消失，让希望升起。

市面上讲教练、讲成长、讲提问的书籍有很多，而本书的独到之处就在于，它会一直引领你扪心自问、深度内求，甚至"死磕自己"。这样的意识与能力，在这个人类与 AI 共存的时代，无疑会加速我们作为人的意识进化。而这份进化，会进一步促进我们适应环境，更好地生存和发展。

最后，我要感谢在本书撰写过程中所有支持我的家人、客户、同事、朋友、合作伙伴和教练同行。愿所有的读者，经由这本书，开启全新的自我探索和自我进化之旅。

刘良钰

2025 年 2 月 19 日

于北京

CONTENTS

? 目录

001

第 一 章

提问：当你提出了好问题，答案就有了一半

037

第 二 章

觉察：提出不一样的问题

077

第 三 章

复盘：找到精准的问题

119

第 四 章

聆听：提出更深刻的问题

155

第 五 章

对话：激发智慧的自我提问

193

第 六 章

进化：成为自己人生的教练

1

第一章

提问：
当你提出了好问题，
答案就有了一半

给自己提问，
为什么这么重要

要不要逃离？

不做行不行？

我能不能？

我为什么做不到？

我的命怎么这么不好？

你可能没有意识到，这些有意识或无意识的自我提问，正在一步步将你摧毁。问对了，你可能会一帆风顺；问错了，你可能会一事无成！

那么，给自己提问的本质是什么？心中与口中的答案，会带来什么？学习和训练给自己提问，到底有什么价值和意义？

我的职业生涯，好像一直都在围绕"提问"展开。曾经，我是一名资深的人才测评与人才管理顾问。在长达 10 年的时间里，我通过提问帮助诸多企业进行人才评鉴，并为这些企业提供专业的选人、用人和人才发展建议。

从 2014 年开始，我成为专业教练。于是，我开启了长达 10 年的提问之旅。我向很多个人、团队甚至组织提出不一样的问题，推动他们改变与成长。我还在自己的生活和工作中进行自我提问，正是这些形形色色的提问，让我的生命状态发生了很大的改变，同时也塑造了我的幸福家庭和蒸蒸日上的事业。

在从事教练工作的过程中，我发现许多成长于传统教育体制下的"70 后""80 后"乃至相当一部分"90 后"，是不会向别人提问的，更不要说给自己提问了。我们最擅长的还是回答，不是吗？

回想我们的成长历程，或许我们早就毫无意识地习惯了被老师提问、被试卷提问，而且试卷中还有一些问题是靠死记硬背就能答出的。但是，假如我问你：你的老师、父母曾经问过你什么触动你心灵、启发你思考的问题，你的答案会是什么？

我的答案是：很遗憾，我没有这样的经历。

随着我们逐渐长大，读完高中、大学，开始工作、结婚、生子，依然没有什么强有力的问题能带给自己完全不同的思考。与此同时，我们也习惯于把自己的观念、要求直接灌输给同事、下属或孩子……当他们做不到的时候，我们往往深陷负面情绪难以自拔。

给别人提问，很难。因为我们没有经过训练，没有通过提问来产生对话和引发改变的意识。

糟糕的问题，可能会毁了我们

那么，给自己提问会不会更容易呢？

我们先来看看，如果给自己提出了"不恰当"的问题到底会带来什么。千万不要以为这些都是别人的事情——这些一个又一个"别人"的困境，本质上就是我们自己的困境。

培训课堂

在一次"教练型领导力"培训中，我邀请学员们进行自我提问练习：

假如当下我可以给自己提出 8 个问题，我会问些什么？

这是一个开放度很高的问题。作为老师，我没有预设，只是想创造一种体验，让大家觉察到自己当前的状态、焦点，进而培养自我提问的习惯。

几分钟后，我邀请大家自愿分享，结果显示，尽管问题具有高度开放性，但学员们的提问居然出奇的类似：

我为什么运气这么差？

我怎样才能避免犯错？

我到底有没有足够的能力？

怎样才能让别人（团队、上级）更加信任我？

我能不能做一个合格的爸爸／妈妈？

我真的能担当起……的责任吗？

我现场一一询问了提出类似问题的学员："这些问题带给你们什么感受？"他们无一例外地说：这些问题不仅没有给自己带来力量，而且似乎根本找不到答案，越提问就越迷茫。

在我看来，与其说这些是提问，倒不如说这些都是他们在质疑自己。

为什么面对这些自我提问，他们会感到缺乏能量，甚至对问题的解决变得更没有信心，前途更加迷茫？

我们再看两个案例，之后一起回答。

教练对话

在我刚刚学习教练技术的时候，有一次大家做对话练习。我的一位女同学丽丽，她当时给自己提了一个问题：

我怎样才能不评判别人？

我们一群人给她做教练，向她提问，希望能通过提问与对话帮她找到答案，突破自我。

这个过程很曲折，因为我们也都是教练"小白"，虽然提了很多不同的问题，但是对她一点帮助也没有。最后，我着急了，几乎大喊着跟她说：

"你说的'不评判'到底是什么？你一直都在绕圈子，不评判、不评判，那只是你不想要的，你想要的到底是什么呢？"

她也激动地冲我喊：

"你怎么这么没有教练状态，我要的就是不评判别人，这还不够清楚吗？"

那一次教练对话练习，就这样不欢而散。

丽丽一直在不停地问自己"我怎样才能不评判别人"，这个提问看似没有什么问题，却让她陷入迷茫和激动的情绪中——这是一个糟糕的问题！

事实上，我也曾经毫无觉知地给自己提出过糟糕的问题。

创业之路

在我作为教练创业的路上，充满坎坷和挑战。我们的墨乾教练组织平台刚成立时，没有资源、没有品牌、没有客户……有的仅仅是一群以教练为使命的专业教练。

有一段时间，我感觉压力重重，非常累——身累，心更累。我总是不断地问自己：我怎么才能不这么累？然而后来我觉察到，其实我每一次提出这个问题时，都没有足够的意愿和能量去探索答案。虽然问题是关于"我怎么才能不累"，但是我自己根本意识不到在"累"的前面还有一串文字，我的关注点仅仅在"累"这个问题本身，而这个问题显然除了让我自己觉得"更累"，毫无价值。

我接下来想说的是，无论是谁，如果不会给自己提问，那真的可能会毁了自己！

这不是骇人听闻，我还有大量"糟糕问题"的案例，也许你就是其中的主角。例如当遇到工作不顺利时，我们可能会问：

为什么我这么倒霉？

凭什么我这么努力，功劳是他的？

下一次我怎样避免再碰到这种客户？

为什么领导就是不能信任我？

我就是不想加班，我怎样才能不加班？

生活中也有各种不容易：健康、财富、亲密关系、亲子关系，等等。你可能会问：

我为什么管不好这个熊孩子？

明年股市里我怎么少亏点钱？

我怎么能远离疾病？

生活为什么对我这么不公平？

我怎样才能减少内耗？

我怎样避免被"逼婚"？

为什么我做不到像 ××× 那样自在、从容？

我为什么没有过上自己想要的生活？

……

糟糕问题的三大特征

糟糕的问题数不胜数，但它们大致可以分为三种类型，我们举例来看。

归因沼泽

当一个妈妈在回答"我为什么管不好这个熊孩子"时，大概率会发生什么呢？顺着常识来思考，大概有以下几种可能的场景。

第一种场景，妈妈思考孩子"哪里不听话"。一旦产生这个念头，那么这个妈妈脑海里就会立刻浮现出一系列"熊孩子"的行为：不写作业、成绩差、房间乱、跟父母顶嘴等。这时关注点将持续在孩子身上打转，不能自然而然地回到自己身上。

第二种场景，妈妈追究自己"哪里没管好"。典型自问包括：我对他不够好吗？我没有耐心照顾他吗？我没有给他好吃好喝的吗？能做的我都做了啊，我还能做什么啊？实际上，越是思考自己为什么做不好，就越容易陷入自己的认知盲区，对自己的否定随之而来，能量可能下降，很难继续寻找答案，因为我们不知道"自己不知道什么"。

第三种场景，问题一提出来，妈妈就已经没法思考了。因为她很委屈，自己作为母亲已经为孩子付出了太多，而且老公也不理解自己，基本上是个"甩手大王"，导致孩子管不好，于是产生了诸如自责、愤怒、焦虑等负面情绪。

"我为什么做不到"，这其实是一种典型的"糟糕问题"，而且是我们经常会提出的问题。如果没有经过训练，这种问题很容易将我们拖入错误归因的泥沼。

我们要知道的是，首先，过去失败的原因未必能带来未来期待的成果，就算找到了，在这样的自我提问中也会受限于自己的认知；其次，很多人会因为过快地陷入情绪而失去焦点，根本没法将对自己的提问进行到底，更别提与自己深度对话了。

越界控制

这是一种"我想控制别人"式的自我提问。比如：

怎样才能让领导更加信任我？

这个问题看上去是给自己的，但是，一个不容易被觉察的事实是，无论你怎么做，领导是否信任你，那都是他的事情，是你无法控制的。如果将能量投入无法控制的领域，就像园丁整天纠结"花为什么不开"，却忘了自己能做的只有浇水。

因此，与其问"我怎样才能让别人如何"，不如换成：

我们的共同目标是什么？

我能为这个目标做出什么贡献？

否定式框架

更加致命的，是关于"我不要什么"的问题——这类问题聚焦于远离、逃避、减少什么。比如：

我怎么才能不这么累？

我怎样才能做到不评判他人？

我怎样才能减少内耗？

我怎样才能远离疾病？

……

我们做个小实验吧，请你现在"不要"去想一个绿色的跳动的弹力球。请问，此时你的脑海中出现了什么？

我敢肯定，99% 的人脑海中一定出现了绿色的跳动的弹力球！可我说的是"不要"啊！

我们的大脑非常神奇，它无法接受"不要什么"这样的指令！就像一位妈妈不断地跟孩子说"不要踩水坑，不要踩水坑"，结果她大概率会看到孩子去持续地踩水坑！

朗达·拜恩（Rhonda Byrne）在《秘密》（*The Secret*）一书中，提出了"吸引力法则"。她指出，我们想要的生活、正在经历的一切，都是自己吸引来的。那么，当自我提问中充满了"如何才能不要、不想、不做、减少、远离"时，真正发生的是什么呢？太可怕了，你真正吸引来的，恰恰是你不想要的东西，而它们构成了你真实的人生体验。

　　我想，现在你能理解为什么我会说"糟糕的问题可能毁了我们"吧？毕竟，没有人想毁了自己，我们都只想让自己变得更好。那么，就请学习如何给自己提出不一样的问题吧。

自我提问的本质与价值

　　给自己提问的本质，就是有意识地管理自己的焦点。这个焦点，也就是我们的意识和能量。

　　如果问自己"怎么才能不加班？"，我们就会不由自主地陷入受害者心态；如果问自己"假如这个项目再做一遍，我可以做得更好的是什么？"，我们就会意识到自己是可以进步的；如果在困境中问自己"我此刻的感受怎么样？我在想什么？我做了什么？没做什么？"，我们会立刻进入主导者姿态，从而通过"借事修人"找到答案。

　　没错，面对所有的自我提问，你心中和口中的答案，就是你正在体验的生活。正是你有意识或无意识中的所有提问及其答案（包括说出来的和没有说出来的），共同塑造了你的人生。

　　孩子们经常会提出很好的问题，因为他们无比纯粹且充满好奇心。显然，对于成年人而言，如果不加以学习和刻意训练，我们的提问习惯很大程度上会停留在无意识状态，这种情况下，我们问自己的问题往往也是封闭的。例如，问自己"我能不能做到"时，往往是在暗示自己"不能"；问自己"为什

么做不到"，可以列出很多理由，却说不出该如何做到；问自己
"如何不要、避免和减少"时，却说不清自己真正想要什么；问
"怎样才能改变别人"时，是否想过别人真的愿意被改变吗？

　　总之，成年人的自我提问习惯，需要有意识地重塑。

　　我想，现在你一定能感知到"给自己提出问题"的重要
性。在这一节结束时，如果我邀请你给自己提出一个问题，你
当下最想问什么呢？

到底什么问题
才是好问题

　　如果我们能够通过自我提问激发潜能、塑造幸福人生，这些问题就如同一把把"黄金锤"，帮助我们敲掉阻碍、打破限制。那么，究竟什么样的问题才有这样的力量？换句话说，什么样的问题才是好问题呢？

　　我会通过亲身经历，向你展现好问题的特点和价值。

你心中的渴望是什么

　　促使我走上教练之路的，是一个给自己的好问题；在我成为大师级教练的路上，支持我果断决策、走出迷茫、一路成长的，是一个又一个给自己的好问题；在我和伙伴们一起创业的过程中，支持我百折不挠、战胜恐惧、坚定初心、自在从容的，还是给自己的好问题。

我的人生真正开启给自己提问，是在 39 岁那年。那年春天，我遭遇了工作上的种种不如意，那也是我人生中第一个低谷。

2013 年年底，我从工作了 5 年的管理咨询公司辞职。2014 年春节前，以首席面试官的身份加入一家上市民企（A 公司）。现在看来，当时的辞职既与环境有关，也与自己心智不成熟密切相关。那时，我知道公司和我都有些问题，但"对的状态是什么"我没有细想，只是以一种"我要逃离"的心态做出了决定：先离开再说。

草草加入 A 公司后，我开始了从乙方到甲方的转型。改变发生在 2014 年 3 月一个春寒料峭的晚上，我开着自己的红色小车行驶在北京五环路上。路况很差，我的心情更糟：单位离家远，每天往返路上耗时 3 个多小时；上级不专业，沟通困难；同事们不像之前咨询公司的伙伴那样能干，我好像什么也改变不了……

正当我满脑子抱怨时，突然一辆大车从我右侧超车，吓得我赶紧往左边打轮；没想到左边的大车也凑近来"夹击"，让我瞬间陷入极为狼狈的境地！

那一刻，我在内心大声质问自己：

良钰，你在干什么？你到底在干什么？

而接下来的几个问题，仿佛让我从近 40 年的沉睡中醒过来。

良钰，这是你想要的生活吗？

你热爱这个行业吗？

就算你为了所谓的事业拼死拼活干到首席人力资源官（CHO），那又怎样？

你愿意每天花费三四个小时通勤吗？

你愿意为了事业耽误对孩子的陪伴和培养吗？（当时我的两个儿子，一个 7 岁，一个 2 岁。）

不，不，不！这不是我想要的，我不要！

而真正改变我人生轨迹的，是这个问题：

假如这些都不是你想要的，那么，你真正想要的是什么？

没错，正是这个问题，让我走上教练之路，开启了完全不一样的人生。

当时，我心中的回答是：我想要一份受人尊重的工作，想最大化发挥自己的价值，想有足够的时间陪伴家人。今天看来，这是很多职场人，特别是女性内心最为本真的渴望，一点也不过分，却又那么遥不可及。

稻盛和夫说过："心不唤物，物不至。"真的非常神奇，当我向自己提出这些问题，同时在内心大声呼唤、探求答案的时候，机会就真的来了。

第二天上班时，一位前同事约我吃午饭，我向她讲述了自己当前的感受和困惑。她告诉我，也许"教练"能帮到我。我们当即决定，周末一起去参加一次教练沙龙活动。那次活动让我收获很大，而且我坚信自己可以做好教练，因为这才是我真正想要的工作和生活。

于是，我果断辞职，告别了仅仅入职 3 周的"首席面试官"岗位，从 2014 年 4 月开始，正式踏上了专业教练的学习和实践之路。

好问题的核心特征：目标导向，一定要正向描述"我想要什么"，而不是"我不想要什么"。

知道"什么更重要""什么最重要"

刚刚踏上教练学习之路，第一个难题就出现了。我先交了 4 万多元学费，成为加拿大埃里克森教练机构的一名学员。还没有开始学习，我又发现了"慧一教练平台"，它是中国第一位专业级认证教练（Professional Certified Coach，PCC）谭海引老师创立的平台，学费 5 万元，不仅有机会进入企业教练项目，还提供长达 3 个月的能力训练。作为资深顾问和培训师，我当时凭直觉就清楚：仅仅靠上课和培训无法快速掌握教练能力，更无法技压群芳、成就卓越，我需要更多训练和实战！

但那时我刚辞职，一下子投入近 10 万元在两家机构同时学习，觉得压力比较大，而且我也感觉不太对劲。神奇的是，在纠结的时候，尽管还没有开始学教练，我就再一次向自己提出了两个非常重要的问题：

作为一个卓越的教练，到底什么是最重要的？

假如金钱不是问题，我会做出什么样的选择？

问题一问出来，其实答案已经有了。

首先，我知道自己想要的不仅是学习一项新的技能。很多人简单地把教练当作某种技能，但我更愿意相信教练与智慧紧密相关。我要做，就做最卓越的教练。而一个卓越的教练，一定是实战经验丰富的，尤其是我过去有着十年面向企业做管理咨询的经验，未来我肯定是要服务于企业的。因此，尽快进入真实的项目展开实战训练，对我非常重要。

假如金钱不是问题，我就两个学习项目同步进行。但是，就在这时候，我发现我不是拿不出 10 万元，而是产生了一种感受：一下子花这么多钱，是不是显得我对家庭不负责？爱人会怎么想？

但是，当我清晰地知道，我要做就一定要成就卓越的时候；当我清晰地知道，尽快开启教练训练和实战才是对自己和家人负责的时候，就能超越这种感受，做出明智的决定。

我也非常感谢爱人对我的尊重和支持，他在我踏上教练之路的时候，给予了我莫大的支持和鼓励。那个时候，我还不太懂"爱出者爱返"的说法，但是十多年过去了，不仅我的教练事业，连爱人、孩子和整个家庭系统，都成了教练理念的受益者。今天看来，我当时的决定是非常正确的。

对我而言，"什么更重要？什么最重要？"向自己提出这两
个问题，就能超越现象（纠结要不要同时在两个平台学习教练
项目），更接近本质（追求卓越）。

不能只关心"我要什么"，还要关心"别人要什么"

在 2014 年，我同时开启了在埃里克森学院和慧一平台的
学习。这种一下子扎进来、深度学习的状态，真是太充实了。
到了年底，我就已经作为一名教练课程讲师站在讲台上，面向
几十名大学老师传播教练智慧。

这时候，新的情况出现了。我离开咨询公司后，不到一年
的时间里，很多骨干顾问也纷纷离职。在年底的一次老同事聚
会上，大家提出一个想法：一起开家公司吧！聚焦人才测评和
人才发展，这也是我们共同擅长的领域。大家说："良钰，你原
来就是公司副总，你来发起吧！"

那个时候的我，作为全职的教练初学者，虽然失去了稳定
收入，但别的方面我还是非常平衡且满意的。然而，同事们的
提议似乎也有道理，假如我们几个本来就足够专业、有足够
信任感的同事一起重操旧业，大家就有事情做了呀，有收入
了呀！

于是，我跟大家说："让我想想看。"

　　回家后，我问自己：当时为什么不是一拍即合，就直接开干？

　　我试图分析一起干的好处、弊端和维持现状的好处、弊端，但是感觉好处我都想要，弊端我一个也不想要，我又陷在里面，出不来了！

　　"我想要什么"这个问题，怎么不好使了呢？

　　今天已经是大师级教练的我，回看"给自己提问"这件事，坦白说，我觉得回答起来并不轻松。既要提出好问题，又要始终保持理性的状态去回答问题。当时，作为教练初学者，我的内在稳定性不是很强，陷入面对好处与弊端的权衡时，就没法继续了，自己觉得乱套了。

　　我的一个特点就是，不放过自己。洗把脸，再来！突然，几个问题冒了出来：

　　这个世界是否真的需要再多一家测评公司？

　　我未来做什么，是自己更感兴趣的，也是更有价值的？

　　注意，所有冒出来的问题，都不是从头脑中冒出来的，而是从我们的心底升腾起来的，它们特别宝贵。我那个时候的答案是：不，我觉得这个世界真的不需要再多一家测评公司。我的老东家已经做得非常专业、非常好了，更不用说市场上还有很多优秀的同行。我想做的是教练，教练真正能作用于人的成长和发展，且对我自己的帮助很大，我这不到一年的成长几乎超过了过去十年。我要做教练，传播教练智慧！这个世界上，每个人都需要成长，而不是被测评！

当然，测评也是帮助我们提升自我认知的有效途径，但我发现了更加本质的东西——成年人真正的内在成长。因此，我最后的选择是：我不能跟同事们一起开一家测评公司。尽管我期待尽快恢复稳定的收入，但在当前的阶段，我更想在教练领域持续深耕下去。

带我走出迷茫的，是一个格局更高的问题：这个世界需要什么？当然，我不是建议大家动不动就去问"世界需要什么"。这是我的一个习惯——动不动就思考世界、人类。我真正建议的是：当我们困在"我想要什么"之中走不出来的时候，心中可以多装一些他人，可能是你的伴侣、父母、孩子、团队、公司、社群……尽可能找到一个交集，既是自己想要的，也是能带给他人价值的。

好问题，蕴含假设

就这样，从 2014 年开始，我持续在教练这条道路上前行。进入 2015 年，我开始更多地考虑商业化的问题：怎样通过教练工作更快达到我以前的收入水平呢？毕竟一开始更多的是投入，有时候也会陷入一些"跟以前的自己对比"的失落和迷茫。

其实不仅仅是我，十多年前，大部分教练都非常缺乏教练职业变现的能力，而大家对于这一点，往往也是后知后觉的。

2015 年夏天，正陷入迷茫时，我结识了一些外地的教练，大家经常讨论起"财富自由"的问题。有一天，我问了自己一个这样的问题：

假如我财富自由了，钱对于我根本不是问题，我还会再做教练吗？

我想都没想，答案非常笃定：做！

紧接着第二个问题冒出来：

那个时候你做教练，跟现在会有什么不同呢？

这是一个好问题！因为直到今天，当时的感悟还在激励着我。

我的答案是：那个时候我做教练，应该会更加从容自在。

什么意思呢？就是我不必很着急地见很多客户，或者匆匆忙忙地设计产品，因为我有足够的钱，就可以放慢一点，见少量的客户，做精品项目，自己的状态更加从容自在一些，这样对客户也更负责任。

突然，我有个觉察，什么时候能实现财富自由，我不知道。但是，重点来了——"从容自在"这种状态，是我自己随时可以拥有的，跟是否财富自由，没有必然关系！

这，对我而言，绝对是一种"顿悟"。我们很多人的内在信念，都是这样的：我必须先有什么，才能有什么。但是，如果后面的那个"什么"，是一种生命状态，我们真的要问问自己，是否一定是这种前后的决定关系？抑或反过来，先有了状态，才能有更多财富？或者，我们假设的先后关系可能根本就不存在，这两个东西之间的关系也不存在。**人，在根本上，活的就是一种状态。**

你看，就是一个这样的"假如"类的问题，触发了一种假设：我可以财富自由。继而引发了我的思考和顿悟：无论何时，我都可以活出从容自在的状态，跟我有没有实现财富自由没有必然关系。

好问题，聚焦当下

转眼之间，时间来到了 2017 年 3 月。那个时候，我已经靠教练工作"活下来了"。可以说，活得还不错：我不仅收入超过了原来做咨询公司副总经理的水平，而且有足够的时间照顾孩子和家庭，每年还能安排好几次全家旅行，更有充分的时间去学习我想学的东西。

然而，新的迷茫出现了。当时，我频频收到大家的反馈：良钰，你能量这么大，不该在 40 岁出头的年纪就做个全职教练，你应该回到企业，回到更大的平台上，去影响更多人！

于是，我的心开始失去宁静。是啊，我应该成就更大的事业，帮助更多人，我一定能做到！

那如何回到平台上呢？去什么平台？我该做什么？

一个特别有吸引力的岗位在脑海中浮现出来：企业大学校长！假如良钰教练成了一名企业大学校长，一定能把教练引入企业，帮助和成就更多的职场人！

于是，我联系猎头，设想自己的年薪水平不能少于税后 100 万元，接着优化简历，强调自己多么适合做企业大学校长……

然而，我很快便开始碰壁：

刘老师，培训总监你做吗？年薪 50 万元左右。

刘老师，你没有做过企业大学校长，很难……

听到这些答复，我又开始纠结：年薪 50 万元肯定不行啊，我以前带的下属，比我小 10 岁的都年薪 80 万元了！培训总监？我更不干啊，我以前可是知名咨询公司副总经理啊！

后来，在困惑、痛苦、迷茫之时，我问了自己一个重要的问题：

企业大学校长，100 万元的年薪，以及我追求更大的影响力，到底是为了什么？

最终，我再次顿悟：我的初心是想作为教练帮助更多人，因为能量大想做更多事，现在却每天在满足小我的欲望，陷入小我的恐惧。年薪百万也好，企业大学校长也罢，除了给我带来更多的纠结，貌似没有什么价值！

突然，有一句话从心底升腾起来：**活在使命里，人生才有分量！**当时，我清晰地意识到，我的使命是传播教练智慧，以教练为载体去帮助更多人。只要我一直走在这条路上，在每个当下做好教练该做的事情，比如好好跟家人沟通，用提问启发和教导孩子，相信他人的潜能，认真做好每一次教练培训、一对一教练、团队教练……我就在践行使命，跟我是不是企业大学校长、是不是年薪百万毫无关系！

所谓"成为企业大学校长会更有影响力，会更好地支持别人"，也许是对的，但能否实现并不是我可控的。我又在长达几个月的时间里，把精力过多消耗在了自己不可控的目标上，走了很远，却忘了自己当时为什么出发。

好问题帮我们聚焦当下，而我们唯一拥有且可控的，正是每一个当下。

教练
是什么

读到现在，你也许很好奇：良钰教练，你对教练如此笃信和热爱，到底什么是教练呢？

这份热爱，源于我自身的经验和体悟；这份笃信，源于我对教练价值的充分认可。我坚信：**每个人，只要你愿意，都可以成为自己的人生教练。**

在我的孩子们还小的时候，有一次我带他们去游泳，并给大儿子找了一位游泳教练。休息的时候，游泳教练问我："孩子妈妈，您是做什么工作的？"我想都没想，就回答："我是教练。"

哈哈，我到现在还记得当时游泳教练的表情。她上上下下地打量我，仔细看了半天，然后疑惑地游走了。我猜，她当时在想：您这个身形气质，怎么也不像个健身教练啊，瑜伽？球类？差得更远了……

没错，在我们大部分人的认知里，"教练"一词首先会让人联想到体育界的教练。所有的个人冠军、团体冠军的背后，都有不止一位教练，他们从来不亲自下场，却能训练、支持和成就冠军。

实际上，我们今天所熟知和应用的各类教练，如管理教练、领导力教练、职业生涯教练、高绩效教练，包括我所从事的组织教练，其公认的鼻祖正是一位网球教练——W. 提摩西·加尔韦（W. Timothy Gallwey）。

从网球教练到人生导师

加尔韦是美国人，毕业于哈佛大学。20 世纪 70 年代，他在加利福尼亚创办了一家"自由艺术学院"，教授网球和滑雪。就在这家学院中，发生过一个有趣的故事，向我们生动地展示了教练的魅力。

有一次，一期新的网球班即将开课，网球教练因故无法来上课，而许多学员已等候多时。情急之下，加尔韦只能临时调用一名滑雪教练来教网球。但是，滑雪教练非常紧张，称自己"不会打网球"。

加尔韦非常淡定地说："别担心。你只需要做到两点：第一，不要做任何示范动作；第二，让学员把目标聚焦在球上，并不断问他们：'你的身体怎样移动，才能接到球？'"

就这样，滑雪教练按照加尔韦的指导去做了。令人没想到的是，加尔韦的方法非常成功，不仅学员们没有发现他是滑雪教练、不懂网球，而且很多人仅仅经过第一次学习，就"会"打球了！

秘密在哪里，你发现了吗？秘密就在那个神奇的问题：

你的身体怎样移动，才能接到球？

这个问题，首先把"你是新手，不会打球，我教你打球"，变成了"你正在打球，你本来就会打球，该怎样打得更好"，这是完全不一样的假设。其次，这个问题的目标十分清晰：你要接住过来的球。然后，它蕴含假设，假设的是"你能通过调整身体的动作接到球"，即"你是可以的"。

后来，加尔韦基于他对网球训练和潜能开发的实践与研究，写了一本教练行业的书——《网球的内心游戏》（*The Inner Game of Tennis*）。他在书中告诉我们，其实每个人都可以很快地学习到一项新的技能，只要我们聚焦目标，摒弃干扰。

他还提出了教练行业著名的公式：

绩效 = 潜能 — 干扰

在学习打网球，或者任何新的技能习得的过程中，我们的干扰往往来自内在对话：

我不会打，动作错了怎么办？

给自己和团队丢脸了怎么办？

哎呀，怎么还做不到呢？我要是失败了，别人会怎么看？

我只有先做到1，才可能有2……

然而，这些提问和对话没有激发我们时刻聚集在目标上，反而成了我们的内在干扰和阻碍，让我们很难取得良好的表现。

后来，加尔韦关闭了自由艺术学院，开办了面向企业的管理咨询公司。他被国际商业机器公司（IBM）、美国电话电报公司（AT&T）等知名企业请去给管理者做培训。甚至有时候，他还是在培训"打网球"，但是，管理者们的笔记上，全部是关于自我发现，以及个人改变和成长的深刻启发……

说到这里，我想你对"什么是教练"，一定有了更深刻的理解。国际教练联合会（International Coach Federation，ICF）作为全球最具权威性的教练组织，给出明确定义：

教练是客户的伙伴，通过发人深省和富有想象力（创造性）的对话过程，最大限度地激发客户自身寻求解决办法和对策的能力，助其成为生活和事业的赢家。

是伙伴，而非老师

　　教练不是直接给出建议的人，即便教练可能拥有更加丰富的经验；教练不是讲述知识和灌输理念的"老师"，即便教练可能才华横溢、功底深厚；教练不是提供直接答案或解决方案的"顾问"，即便教练可能拥有行业经验并能进行系统性设计。

　　教练更像是"思维伙伴"（Thinking Partner），主要通过智慧的提问和对话，让对方（被教练者）拓展认知、提升能力，成为自己的人生赢家。

　　这些年，有很多人经常问我：良钰，教练能帮人解决什么问题？你能不能一句话说明白教练的作用？我经常不知道如何回答，因为我曾经有一个执念：教练不是帮人解决问题，而是让人自己解决自己的问题。但如果这样说的话，大部分人会对教练敬而远之。

　　那么，一个人可以给自己做教练吗？可以的！

　　如果今天再尝试用一句话回答自我教练的价值，我会这样说：**成为自己的教练能帮助你减少问题——高手不解决问题，而是让问题消失！因为教练，你成了高手。**

　　举个例子，假如你带团队，面对一群"00后"的员工，你可能会觉得"太难了，我真的管不了他们"，这就是一个"问题"。但如果你是自己的教练，你是不会拿他们"开刀"的，你会先问自己：

作为团队负责人，我要把团队带成什么样子？

我们团队要创造怎样的成果？

现在的真实情况和我们想要的成果，客观的差距是什么？

所谓"管不了他们"，事实是什么？

这些事实对于团队绩效的影响是什么？还是仅仅是带给我自己不好的感受？

假如我想触发一些改变，关键点到底在哪里？

假如我的团队成员能给我一点建议，他们会说什么？

经过这番自我对话，你有99%的机会发现：问题不在"管不了他们"，而在于你原来定义的问题根本就不是"真问题"。

如果你原来的问题只是一种内在的情绪，那么这样对话下来，很可能你的"问题消失了"。如果在"我真的管不了他们"背后，存在你作为团队负责人更应该去系统思考的问题，或者说关键点，你就会因为自我对话，而去展开新的思考。

想做自己的人生教练，
就一定要学会给自己提问

如果我说，成为自己的人生教练意味着一辈子的进化与修炼，你会不会被吓跑？别担心，即便是一辈子的修炼，也是非常美妙的过程与经历。

那么，做自己的教练到底是怎样的体验呢？你不妨思考一下：当你在漫漫人生路上为更高的目标去奋斗、去攀登、去经历挫折失败的时候，如果有一位教练在你的身边，他会经常做些什么呢？

他会尊重你内心对高远目标的追求，相信你有潜力达成一个又一个的成就；会看见你的能力短板、行动的有效性与无效性；甚至可以感知到你内心的卡点与阻碍……于是，他鼓励你，认可你，提示你，激发你，挑战你，陪伴你。无论你最终是否登上高峰，他始终相信：你所有的经历都是来成就你的，为你祝福。

成为教练，就是成为自己的"旁观者"

我们假设现在你突然"变身"，一分为二：一个是去攀登高峰的自己，另一个是旁边陪伴自己的"教练"。这是一种非常神奇的体验，正在攀登的自己，不再孤单，感受到支持和陪伴的力量；作为"教练"的自己，成了你自己的"观察者"，能清晰地看到在追求目标努力前行的路上，自己的想法、感受、情绪、行动，甚至内心的信念与价值观。

这个"自己的教练"，要同时关注你的目标和状态，他相信：无论发生什么，你都可以有所学习和成长，都在成为更好的自己。

那么，如何成为自己的教练？

成为自己的教练，有几个非常关键的核心要素。

第一，你有着对"自己"的好奇，并且愿意向自己提出不一样的问题，而不是在遇到困难和挑战的时候，急于否定自己或者改变目标。愿意提问，就是自我教练的开始。

第二，你有着"跳出来"思考的习惯。当自己深陷困境或者焦虑迷茫的时候，你"跳出来"，去一个像"墙角摄像机"的位置看看自己，也看看自己与周边的关系，避免自己一直深陷其中。

第三，你有办法为自己补充能量。一个好的教练自带能量，因此可以支持被教练者。而当我们能量低的时候，给自己做教练就变得非常困难。因此一定要有方法让自己的能量可以快速回复和积累，这样，即便不给自己做教练，对于我们达成目标、美好生活，也是非常有帮助的。

其中，最为重要的是第一点：**向自己提出不一样的问题。**

你知道提问为什么如此神奇吗？这背后不全是教练的经验积累，其实还与脑科学紧密相关。

提问可以重塑大脑回路

研究表明，80%～90% 的外界信息经视觉中枢传入大脑，视觉信息包括形状、颜色、立体感、深度感、运动方式等。这些视觉信息在大脑中被整合加工后，形成了我们对外界的认知与理解。

因此，当大脑接收到一个提问的时候，会触发一连串复杂的神经活动，激活视觉及认知神经网络。当我们在思考问题的时候，大脑不仅处理文字信息，同时还处理与问题相关的场景、画面、方法及路径等。这种内在的信息拆解过程，实际上是在对我们想要达成的目标进行预演和排练，甚至可能呈现愿景实现时候的图景。而持续的"提问与回答"则是不停激活我们大脑神经元的过程，实际上也激发了我们的创造力和解决问题的能力，从而在无形中促进我们的进化。

提问看似每个人都会，但是给自己提出好问题、真问题并做自己的人生教练，绝非一日之功。大家还记得我们在前文提到的"黄金锤"吗？为什么要用黄金做锤子呢？

因为手持这个锤子的人，他把锤子用在了雕刻自己的人生上，这个过程弥足珍贵，千金不换；还有，锤子敲向哪里，也就意味着我们自己提出了怎样的问题，这个"问题"本身，直接影响着我们的选择，更是价值连城。

下面这个小故事，会让大家对于"提出好问题"的珍贵性更有体会。

故事来自我的一位教练导师玛丽莲·阿特金森（Marilyn Atkinson）博士，摘自她的代表作《唤醒沉睡的天才：教练的内在动力》（*Art & Science of Coaching*）。

一艘大西洋远洋巨轮由于发动机故障，中途被迫停泊在一个港口。船长找来好几位受过良好教育的发动机专家帮忙。那些人摆弄了半天，最后都无功而返。船长绝望地想，如果没人能解决发动机问题，这艘船可能要一直停在这里了。

这时，有人向船长推荐了一位老蒸汽机械师。船长找到了老人，请他来看一下能否解决问题。老人背着一个工具包，看起来就像个乡村医生。他蹲在迷宫一般的发动机管线边仔细观察，不时左戳戳、右敲敲。15分钟后，他确定了一个点，在管道上增加了一个小部件，然后猛敲那个地方，同时启动了发动机。问题解决了！

老人收拾好工具，问船长要价 5000 美元。

"什么？"船长喊道，"太贵了！你不过是敲了 15 分钟而已，你得给我列个费用明细，说一下哪里值这么多钱！"

老人迅速列出了以下费用明细。

部件：2 美元。

知道往哪里敲：4998 美元。

合计：5000 美元。

看，当你提出了好问题，答案就有了一半，甚至就像故事里的老人，当我们"知道往哪里敲"，就几乎解决了 99% 的问题。

这个"知道往哪里敲"的本领，也是我最想通过本书教会大家的。不必人人都成为专业领域里的教练，但是通过有意识的自我提问，我们就能开启快速成长和进化之门，成为自己的人生教练。

第二章

觉察：
提出不一样的问题

什么是
觉察

    在我刚刚成为教练的那一年，有很多时刻，今天回忆起来仍旧刻骨铭心。我想，那是因为在自己前 40 年的人生中，很少有这样的体验——觉察。

    我清晰地记得，2014 年 4 月，我的大儿子安安上一年级。有一天下午，安安要我帮他听写生字。他坐在自己的书桌前认真地写着，而当时我的小儿子，只有 2 岁的 Erik，和阿姨也挤在安安的房间里面玩耍。玩耍声影响了安安的注意力，导致他在听写中频繁写错。只要写错了，他就用力拿橡皮擦掉。不一会儿，听写本上就全是黑疙瘩了。

    这时候，Erik 不停地喊："妈妈，走！"他是在催我跟他出去玩，但我当时没有觉察到自己的烦躁，只是因为安安总写错字，就下意识地对他喊："你好好写，不要再错了，别总耽误时间，我还有很多事情呢！"没想到，我越是喊叫，这孩子越是写错，然后特别使劲地擦。

突然，"刺啦"一声，本子上破了一个大洞。那一瞬间，我听到一个声音从心底升起：

良钰，如果你现在就安安静静地陪安安听写，这30分钟只做这一件事，会怎么样呢？

这，是一个想法，完全不一样的想法。

我觉察到这个想法之后，立刻安静了下来，心也真正沉静下来。我告诉阿姨，先带弟弟出去，等我帮安安听写完再去找他们。然后，我调整了状态，安静地坐在安安身边，开始一个词一个词、非常专注地帮他听写。

神奇的事情发生了，当我真正安静下来的时候，安安也安静和专注了许多。他还是会写错，但会慢慢擦拭，不急不躁……

原来，觉察可以马上带来改变。我变了，孩子也变了，世界也随之改变！

所以，从这个故事中，你有什么感悟？在你看来，什么是觉察呢？

如果我们可以给觉察下一个定义，我认为觉察代表了一种对自己"深深地看见"。看见什么呢？看见我们自己的行为、情绪和思想（图 2-1）。

图 2-1　自我觉察模型

　　这种"看见"一旦发生，我们就有机会给自己提出不一样
的问题，从而做出不一样的选择。

觉察行为：从后知后觉，到"当下改变"

觉察自己的"行为"，相对比较容易。简单来说，就是在我们行动的过程中，保持一份清醒，能够"有意识"地关注到自己的言行，甚至是言行对于目标达成，对于周围人、事、环境的影响。

但是，做到这一点并不容易。很多时候，我们对于自己的言行毫无觉察，更不用说当即调整了。

后知后觉："我做了什么不该做的？"

我在咨询公司做副总经理的时

候，身边的同事都非常优秀。有一年我们校招，入职的新员工比较多，还有一些在我看来比较"普通"的毕业生也加入了。但说实话，我对一些年轻同事一直不太看得上。

有一次，在某个结项的总结会上，项目经理兰兰跟我说："良钰，小李在这次项目中表现得很不错，你表扬她一下吧！"可我却当着所有人，包括在场的小李，说："这是每个顾问应该做的，没有什么可表扬的吧？"

会后，兰兰私下找我说："良钰，你是公司副总经理，也是这个项目的项目总监，在会议上你这么说话真的不合适。小李可能不太聪明，但她很努力，你就认可她一下有什么不行呢？这样她会在未来的工作中更加努力呀！"

那一刻，我才真的反应过来，作为公司领导，我对于自己的言行和言行带来的影响，完全停留在自己习惯的模式里，真实地展现了自己领导力的缺失。

好，这个"反面教材"，我把它叫作"后知后觉"，也多亏有项目经理兰兰来跟我直接沟通和反馈，才能让我有了这份后知后觉。今天看来，兰兰的心智水平真的很高（那时候，团队中能和副总、总经理这样直接沟通的人非常少）。有多少企业的管理者其实和我一样，如此"后知后觉"，甚至毫无觉察。

当我们对自己的行为"后知后觉"，就没法当时提出好的问题，只能在后知后觉开始的时候，问自己以下这些问题：

我做了什么不该做的？

我没做什么该做的？

我这个行为的背后，体现出我什么样的想法和信念？

我那个时候的角色是什么？

当我秉持上面的想法和信念，对于我的角色担当有什么影响？

如果再有类似情况发生，我可以做得不同的是什么？

在上面的故事中，我的角色是项目总监和公司领导，我呈现出的信念是：

我们的顾问都应该很棒，项目做成这个样子是应该的，小李做得很好也是应该的，如果没有我认为的特别突出的贡献和表现，就不值得表扬。

显然，我的信念会影响员工的士气，传递出了傲慢和不认可。未来，我有很大的改进提升空间。至少，我应该在会议上支持项目经理，给予小李一定的认可。如果小李真的有提升空间，我也可以选择合适的时机跟她沟通，帮助她成长。

当知当觉："此刻应该怎样处理？"

除了"后知后觉"，我更想跟大家分享的是"当知当觉"。

当我们对行为能马上觉察到，就能马上问出好问题。

我印象深刻的一次对自己行为的"当知当觉"，发生在越南胡志明市的一家麦当劳里。2017 年春节，我们全家去越南旅行。一天清晨，我们下了从芽庄开往胡志明的夜间巴士，走进了一家麦当劳。

我记得非常清楚，那是凌晨 4 点多，但麦当劳里已经有很多人了。当时我们一边吃东西，一边聊天。其实，是我和我爱人在聊天，我们不知怎么讨论到了"智慧"，我对这个话题太感兴趣了，滔滔不绝地说着。

正当我说得开心，我的小儿子 Erik 开始举着薯条跟我说话，其实他只是拉着长音在叫我："妈妈——妈妈——"周而复始。

我当即吼起来："你干吗，一边去！"突然，我"看见"了自己的恼怒行为，于是马上在脑海里向自己提问："良钰，如果你这一刻能更加富有智慧地处理眼前的问题，会有什么不同？"

我愣了几秒，然后俯下身来跟孩子说："儿子，你找我有事吗？"孩子摇摇头，无辜地看着我。就像大多数小孩子一样，他们只是无意识地做出一些行为罢了。"既然没有事，"我轻声说，"那我和爸爸说会儿话，你先继续吃饭，妈妈一会儿跟你玩，好吗？"

孩子点点头，拿着薯条找哥哥去了。

这一幕，至今过去快 9 年了，我仍念念不忘。从那以后，我会特别注意自己在公众场合和孩子的交流，我会以"智慧"作为关键词。而我的两个孩子分别从 9 岁、4 岁起，就能持续得到妈妈的尊重和平等的对话，成为"在对话中成长起来"的孩子。

经常有人问我："良钰教练，你是怎么教育孩子的？"其实，我更多的时候是在教育自己。那次在麦当劳里的行为觉察和行为调整，再次让我看到改变自己的重要性和可能性。

觉察情绪：要接纳情绪，更要聚焦目标

在做教练之前，我的人生中极少出现"情绪"这个词。我是一个对情绪不敏感的人，虽然自己也经历过各种喜怒哀怨、情绪起伏，但从来没有意识到情绪对我们影响如此巨大。而且，我们可以觉察情绪、主动向情绪提问和对话，从而深度认知自己，成为不一样的自己。

为什么情绪总是先于理性

我对自己情绪的深刻觉察，也是从一次"后知后觉"开始的，仍是与孩子们有关的场景。

那是 2015 年 8 月的一个周末下午。我们全家准备去游泳，正当孩子们欢欣雀跃地往门外跑时，我瞥了一眼手机，一个客户在微信里提出要更改一对一教练对话的时间。我顿时心生烦躁（但当时自己是没有觉察的），下意识地脱口而出："又来了，总改时间，你还想不想继续了！"但其实我内心还有恐惧，毕竟自己才刚刚转型做教练，客户本就不多，这种情况会不会影响后面的合作甚至我的生计？

这时，孩子们见我迟疑着，就一起催促："妈妈，快点，快点啊，游泳去啦。"我大吼一声："你们都给我消失！"然后气冲冲地出了门。

在车里，我发现小儿子的情绪还好，但大儿子安安一直闷闷不乐地看着窗外。我试图跟他说话，他却爱答不理。我又生起气来，下意识地冲他喊："你怎么啦，怎么这样情绪化啊！"

这时，我爱人提醒我："是你自己刚刚有情绪吧！"

啊，是我吗？我有吗？

这时，安安委屈地说："妈妈，我们做错了什么，你为什么让我们从地球上消失？"

孩子的这句话，让我陷入了沉思。首先，无论我是不是真的说出了"让他们从地球上消失"，我的情绪和表达确实对安安造成了伤害；更重要的是，我不能在第一时间觉察到自己的情绪，而是毫无意识地让情绪爆发，不仅吼孩子，还指责孩子情绪化……

读到这里，我想你一定能感受到情绪对我们的影响。在进入如何觉察情绪并提出问题之前，我们先一起看看：情绪是什么？它对我们的影响又是什么？

普通心理学对"情绪"的定义是：情绪是指伴随着认知和意识过程产生的对外界事物的态度，是对客观事物和主体需求之间关系的反映。它是以个体的愿望和需要为中介的一种心理活动。

而认知神经科学研究发现，情绪是思维的基础，人进行判断、推理、决策等活动都依赖于情绪。情绪是先于认知发展的，处于大脑中更加重要的部位，几乎对所有心理功能都有影响。

我特别认同这一点：**情绪是思维的基础**。

简单来说，作为成年人，我们很多时候因为情绪而导致思维受限。情绪其实是一种能量，当我们处于负能量的状态时，智慧便无从谈起。在教练领域，我们经常用美国著名精神科医师大卫·霍金斯（David R. Hawkins）博士绘制的"能量层级图"（图2-2）帮助学员判断自身能量状态。不难看出，当我们的能量层级低于200时，便处于负能量状态，此时我们做什么恐怕都无法拿出积极的状态。

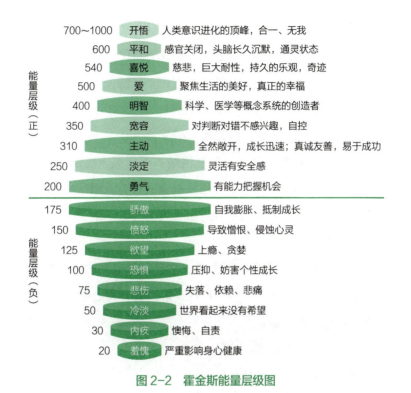

能量层级（正）

700~1000	开悟	人类意识进化的顶峰，合一、无我
600	平和	感官关闭，头脑长久沉默，通灵状态
540	喜悦	慈悲，巨大耐性，持久的乐观，奇迹
500	爱	聚焦生活的美好，真正的幸福
400	明智	科学、医学等概念系统的创造者
350	宽容	对判断对错不感兴趣，自控
310	主动	全然敞开，成长迅速；真诚友善，易于成功
250	淡定	灵活有安全感
200	勇气	有能力把握机会

能量层级（负）

175	骄傲	自我膨胀、抵制成长
150	愤怒	导致憎恨、侵蚀心灵
125	欲望	上瘾、贪婪
100	恐惧	压抑、妨害个性成长
75	悲伤	失落、依赖、悲痛
50	冷淡	世界看起来没有希望
30	内疚	懊悔、自责
20	羞愧	严重影响身心健康

图 2-2　霍金斯能量层级图

抛开情绪，目标更清晰

那么，如果我们能做到对情绪当知当觉，立刻觉察并调整，会有什么不同呢？

我曾经经历过一次对于复杂情绪的觉察，在那个过程中，我给自己提出了对自己帮助非常大的几个问题。

那是一次艰难的谈判。当时，合作伙伴的态度非常傲慢和
强势，他说："良钰教练，我们不是朋友，我们就谈生意。我
是商人，想跟我合作的人非常多，我也不是随便什么人都看得
上……"接着又说，"我的条件就这样，你没有讨价还价的空
间，做，就接受；不做，没关系，喝茶。"

我清晰地觉察到自己的内在情绪：不舒服、气愤、厌恶，
甚至非常愤怒。因为我这辈子还没有遇到过有人用这种态度跟
我对话和谈判！我感受到不被尊重，当时内心产生了"马上就
拍桌子走人"的冲动。

当然，我没有冲动。我清晰地觉察到了自己的愤怒情绪，
其实这种情绪只维持了不到 10 秒。紧接着，我心中又出现了
一连串给自己的问题：

今天我为什么会坐在这里？

我最重要的目标是什么？

这个目标对我，对更多人的意义是什么？

他的"难听"的话语里面，有价值的是什么？

我可以跟他学习到什么？

我接下来的策略是什么？

没错，这些问题几乎同时出现。而且，作为大师级教练
（尽管那个时候没有思考自己的教练身份），我做到了"无意
识、有能力"地用问题指引自己的行为。

我知道自己的目标是清晰的：必须合作成功，这对我意义

重大。但最难的，是关于"学习"——跟一个令自己"厌恶"的人学习，这也太难了吧？但是，我做到了，我学习到"商人"是怎样思考的。在这里，"商人"是个中性词，没有好与坏，况且对方确实是一个成功的商人。而他的思维模式恰恰是我这个"专家型创业者"不具备的。

我微笑着继续完成了谈判，也感谢他简单高效的沟通。我看到了自己在愤怒情绪的背后，依然有着作为一个专业人士对"尊重"的无比重视。然而，当我马上学习到一个"商人"是如何思考和沟通时，当我快速回到自己及组织的目标上时，所谓的"尊重"就没那么重要了，我也可以更像一个商人，在那个当下选择完全不一样的行为，达成目标。

所以，我很快从"情绪"转向了"策略"：听他把话说完，感谢他的直接，答应大部分要求，也表明自己和公司的立场及底线，然后请他思考和决策。最终，我们成功地开启了合作。

我发现，当一个人过于重视尊重、成就、价值这些东西，特别是在后面加上一个"感"，比如尊重感、成就感、价值感，往往容易让自己陷入"小我"，因为这些"感"都是自己想要的，对他人和团队、组织通常产生不了什么价值。而当我们得不到这些"感"的时候，我们就会产生情绪，例如气愤、伤感、抱怨等，一旦不能马上觉察，不能给自己提出问题和对话，我们就容易被情绪控制，做出背离原始目标的行为。

看到这里，你有什么感受？现在的你，能够多快觉察到
自己的情绪？当然，我们还需要学习如何给自己的情绪命名。
表 2-1 呈现了常见的五大情绪类别，以及每组所对应的情绪，
希望对你有帮助。

表 2-1　五大情绪类别及其对应的情绪

组别	可能的情绪
喜悦	开心的，幸福的，欢乐的，愉悦的，快乐的，高兴的，愉快的，兴高采烈的，得意扬扬的，满足的，欣快的，热情的，兴奋的，激动的，高兴得不得了的，知足的，自豪的，乐观的，充满希望的，释然的
愤怒	恼火的，激动的，恼怒的，郁闷的，被激怒的，生气的，愤怒的，厌恶的，不友好的，恶意的，仇恨的，轻蔑的，刻毒的，憎恨的，痛苦的，讨厌的，敌意的，羡慕的，受折磨的
悲伤	气馁的，苦涩的，伤心的，痛心的，沮丧的，绝望的，灰暗的，不快乐的，悲伤的，悲惨的，悲哀的，忧郁的，羞愧的，内疚的，遗憾的，被忽视的，孤立的，孤独的，被拒绝的，屡战屡败的，没有安全感的，尴尬的，被羞辱的，被侮辱的
恐惧	吓坏了的，惊恐万状的，震惊的，恐怖的，惊愕的，恐慌的，歇斯底里的，紧张的，焦虑的，不安的，忧虑的，担心的，苦恼的，害怕的
爱	崇拜，喜爱，喜欢，关心他人，富有同情心的，感性的，热情的，渴望的，激情，迷恋，向往

觉察思想：要知道念头、想法、信念，都不是真实的自己

比行为和情绪难觉察和发现的，是我们的思想。思想，就是我们的所思、所想、所信，短到一闪而过的念头，长到我们长时间秉持的根深蒂固的想法——信念。因此，我会把思想简单概括为：念头、想法、信念。

假如我们可以做到对自己的思想快速觉察，并通过提出问题与深度对话进行调整，那真的是太美好、太神奇了！我们会瞬间获得自由，主导自己的人生。

2015 年，我曾经给一家德资医疗器械领域的公司做高管教练。当时我负责支持研发总监 Jack 和生产总

经理刘言，首席执行官的期待是提升他们二人的领导力。项目启动一段时间后，我们的线下一对一教练转为线上电话教练。这时候，Jack 出状况了。

那天下午，在我们约好的时间内，我没有等来他的电话（在教练关系中，总是客户打电话给教练，做教练有点"医不叩门"的味道。如果被教练者，也就是客户自己没有意愿和需求，我们便难以开展工作）。我又等了一会儿，可15 分钟过去了，他还是没有联系我，我只好打给他。

Jack 在电话里说："抱歉啊，Susan(我的英文名字)! 我刚刚有个会没开完，我过 20 分钟打给你，好吗?"

我还能怎么样呢？好吧，我就继续等 20 分钟。但20 分钟过后，Jack 没有打电话过来，再等了 10 分钟，还是没有。

直到两小时后，Jack 发微信给我，说太忙了，想把时间改到下周。

我到今天还记得我当时的念头——我不干了!

接着，我心里冒出一系列"想法"：Jack 太不像话了，放我鸽子! 我要给人力资源总监打电话，不就是个项目吗? 大不了这个钱我不挣了! 我是教练，专业教练，不是"碎催"!

我清楚地记得自己当时站在写字台前，看着我的教练记录，那副气哼哼的样子。

就在这个时候，我对自己的"想法"产生了觉察，就好像我灵魂出窍，飘在半空中观察自己。我心里想："我可是教练，专业教练哪！"然后，不一样的提问出现了：

你怎么看眼前这个想"退出项目"的教练？

你是教练，教练的使命是什么？

假如因为这种情况而退出项目，会带来什么影响？

除了退出，你还能做些什么与客户实现共赢？

这样的自我提问如同急刹车，让我从情绪中稳定下来。没错，那一次的觉察，不是针对我的情绪（虽然当时也有情绪），而是针对自己的念头和想法，但价值一样是非凡的。

提问之后，我瞬间就冷静了下来，进入理性思考状态。

首先，教练是要支持客户成长的。此刻的挑战对我而言，就是一个成长的好机会。若就此退出项目固然简单，但遇到挑战能战胜它，坚持下来，更不容易。

其次，出现这种情况，原因可能是多重的，可能有 Jack 本人的原因，也可能有我的原因。我为什么不选择跟他做一次更加直接的对话呢？即便最坏的结果是我不再做他的教练，但一次有意义的对话既可以让我履行教练的职责和使命，也可能为他提供更好的反馈和支持。

想到这里，我基本有了解决方案。我回复 Jack：我们还是约一次面谈吧。在往下走之前，我们需要一起回顾一下前几次的教练对话产生的价值，我也有些话想直接跟你沟通。

几天后，我们见面了。我依据《非暴力沟通》的指引，从事实、感受、价值、需求等方面，真诚地就 Jack 爽约的事情做了反馈。当我说出"你不能按时打电话给我，让我作为你的教练感到非常沮丧"时，我知道自己放下了"教练"身份和"专业"包袱，回到一个更加真实的人。

他感到非常抱歉，并真诚地分享了自己想法、需求和被教练的心路历程。后来，我们达成了未来如何一起更好合作的关键共识。多亏了那次沟通，我们合作得很好，一年后，他升任公司副总经理。

这个时候，你可能非常好奇：看来觉察自己的思想、提出不一样的问题，真的挺重要，那我该如何做到呢？有什么工具和方法可以帮到我？

接下来，我会给大家介绍三种觉察思想并有效提问的工具，它们都非常有效。

工具 1：红转绿提问法

红转绿提问法是指觉察到红色的语言或想法后，进行自我提问。

想做到觉察思想，我们首先要去刻意聆听、关注自己的用词甚至语言模式，即我们已经非常习惯的说话方式。因为我们的语言反映了我们的思想，而语言习惯往往就是我们最真实的思维方式甚至意识水平的展现。

不仅如此，语言所反映的思想（或想法）是有颜色的，有红色和绿色两种。这两种颜色背后展示的则是两种思维模式，分别为"红灯停"——你的想法阻碍你目标的达成；"绿灯行"——你的想法支持你目标的达成。

就像我和 Jack 之间的故事，一开始，我头脑中冒出的就是红色思想："大不了我不干了！"

这个想法本身，过分指向 Jack 是有问题的，而我则像是个受害者。当时，如果我真的给人力资源总监打电话，退出了项目，这个结果真的是我想要的吗？真的展示出我是一个专业教练吗？绝不，那只是情绪化的冲动行为而已。

那么，如何完成红转绿呢？

假设一个企业的经理李强经常这样对自己说：

我和上级的沟通非常困难，领导听不进我的想法，也不给我时间解释，这样经常会影响我的工作。

这是红色的思想，还是绿色的呢？

当李强秉持这样的想法时，他是会主动改善自己和领导的沟通方式，还是更有可能聚焦在"领导有问题"上呢？

如果你是李强，你有多大的可能性，会主动聚焦到工作目标上，并主动去做得更好呢？

其实，李强说出来的这种语言（或者内心对话）是"红色"思想的典型代表，它指向了"他人如何"或者"环境如何"，没有聚焦到自己的、可控的目标上，更没有主动去探索"自己能做什么（给自己开绿灯）"。

启用"红转绿提问法"（图 2-3），只需要向自己问出 7 个

我和上级的沟通非常困难，领导听不进我的想法，也不给我时间解释，这样经常会影响我的工作。

1. 不愉快的现实是什么？（要解决的困境是什么？事实是什么？） 2. 这件事 / 这种情景带给我的情绪是怎样的？		1. 我和上级的沟通非常少，我也不太愿意主动跟上级沟通。 2. 我非常无奈和无力，不知道如何去改变，甚至真的想一直放弃沟通。
3. 我想要什么？理想的状态是怎样的？	转	3. 我其实期待的是在区域未来的工作重点上与上级达成共识，至少让他知道我的真实想法。我不是不努力，只是有我的想法。
4. 为什么这件事（我想要的）如此重要？	转	4. 这会让我工作轻松，也让团队工作更加高效。
5. 我会为此设定一个怎样的目标？	转	5. 我的目标是：能够让上级清晰地知道我的想法。
6. 我怎么知道目标达成了？	转	6. 目标达成：把我的方案写下来，和他约时间沟通。
7. 我要把情绪调整为怎样，就有利于目标的达成？		7. 我要停止抱怨，更加积极地去思考和行动。

我能够与上级主动沟通，让工作进展高效。

图 2-3　红转绿提问法

问题（也有人说，这些问题简直就是"醒觉七问"），就能完成思想的转变，从而得到不一样的结果。

1. 不愉快的现实是什么？

2. 这件事 / 这种情景带给我的情绪是怎样的？

3. 我想要什么？我理想的状态是怎样的？

4. 为什么这件事（我想要的）如此重要？

5. 我会为此设定一个怎样的目标？

6. 我怎么知道目标达成了？

7. 我要把情绪调整为怎样，就有利于目标的达成？

经过这 7 个问题的探索，李强原本的红色想法就会转化为绿色：我能够与上级主动沟通，让工作更加高效。

李强内心真正在乎的还是更高效地工作，当他自己相信能够与上级主动沟通，那么他未来做到的可能性就更大。假如仅仅聚焦"领导听不进去我的想法"，就会不自觉地暗示自己：领导有问题，我是没问题的，但是我无能为力。

通过"红转绿提问法"进行提问和自我对话，对于每个人的成长和进化都非常有意义。

首先，我们可以从"别人有问题"聚焦到"我想要什么"。从成人发展的角度来看，**一个人的心智是否成熟，一个重要指标就是"向内求"的程度**。也就是说，遇到事情能够内观自己（包括需求、目标、情绪、行为等）的程度。"别人如何"我们永远无法控制，因此无论是工作还是生活，如果想取得理想成果，都要习惯性地聚焦到自己的渴望与目标上。

其次，通过提问觉察思想，关注情绪，最终超越情绪，我们才能更理性地思考和决策。我们的情绪往往与想法、念头相伴相随，如果你刻意忽略它，佯装理性和坚强，这些没有被关注和处理的情绪，就会逐渐变成负能量。

因此我们在"红转绿"的时候，第 2 个问题会问"情绪怎样"，第 7 个问题会问"如何调整情绪"，正是要有意识地关注自己的情绪。很多时候，这种关注本身就能让人平静，更有利于自我提问和回答。

值得注意的是，并非所有"红色"的思想都带有情绪。有些看似非常平静的表达，却反映了一个人可怕的"思维模式"。这种思维模式如果不及时调整，当事人可能会离目标和高绩效越来越远。

当时被我教练的另一个对象——生产总经理刘言，在一次对话中不经意地说道："我们是生产型企业，在生产型企业里，有这样高的废品率，非常正常。"

他的表达很平静，没有任何情绪，却把我这个教练吓了一跳，因为，这句话从一个生产总经理嘴里说出来，太"红"了！

试想，假如企业的生产总经理都认同高废品率，可能导致什么？持续降本增效、降低废品率等措施或许永远都不会被提上议程。如此一来，企业在他的领导下，会有什么成果？

工具2：信念松绑

信念松绑即通过提问给自己的信念松绑甚至重塑。

几年前，在我家里经常发生这样的场景：我爱人发现晚上孩子没有扔垃圾，就会很生气，无论多晚，哪怕是冬天的晚上，也一定要让儿子们把垃圾扔掉。

我曾经问他："不就是扔个垃圾吗？这点小事情，你为什么生气？"

他总会回答："这点事都做不好，别的事也肯定做不好。而且，晚上要扔垃圾，我都说了多少次了，他们都知道。知道，就该做到；做，就要坚持做！一个人要有责任心，如果从小没有，长大了会有吗？"

我发现，爸爸的话语里暗藏了一种更难被觉察的思想——"信念"。你坚信什么是对的、什么是应该的、什么是必需的。

我们看看爸爸内心的"应该"是什么：知道，就该做到；做，就要坚持做！当这个"应该"不能如愿发生的时候，他的信念就受到了冲击，情绪自然爆发。

他"坚信"的是什么？这点小事（扔垃圾）都做不好，别的事情肯定也做不好；不扔垃圾就是没有责任心；从小没有责任心，长大也不会有……

当爸爸对自己的"信念"没有觉察，一旦孩子不及时扔垃圾，他体内的"愤怒"开关就会被触发，自然而然地进入指责模式。而我的观察是：当孩子们因为反复忘记扔垃圾而被反复指责时，大脑会不自觉地把"扔垃圾"与"痛苦"联系到一起，就更加不想去扔垃圾了。

美国著名心理学家阿尔伯特·埃利斯（Albert Ellis）提出的"情绪 ABC 理论"（图 2-4）强调：人们不是被事情困扰，而是被对事情的看法（信念）深深困扰。

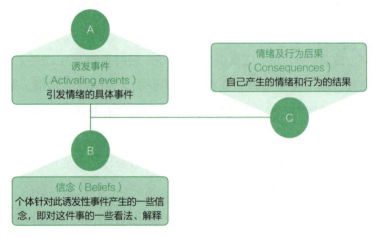

图 2-4　情绪 ABC 理论

我相信，类似这样的场景，每天都在无数家庭中上演。千千万万的爸爸妈妈，秉持着自己根深蒂固的信念却毫无觉知，并以执着的信念和方法管教孩子，而效果却往往事与愿违。

因此，我们需要向自己提出一些不一样的问题，给自己的信念"松绑"，这更有利于创造我们想要的成果。当然，前提是我们有能力去觉察自己的信念是什么。

那么，什么是给信念松绑的好问题呢？

拿"知道，就应该做到；做到，就应该一直做到"这个信念举例。

可以这样问自己：

你自己有没有知道却做不到的情况？那是因为什么呢？

不理想的事情发生时，我们习惯性地把目光聚焦在别人身上，忽略了自己可能有过类似的体验。接下来就可以问：

在什么情况下，一个人知道了，却可能做不到呢？

太多了，对吗？比如，我们都知道晚上睡觉前不要吃太多东西，尤其是油腻的食物，但我们都做到了吗？

在什么情况下，一个人知道了，你也允许他可以做不到呢？

我们经常下意识地允许自己知道却可以做不到。比如，我们知道多读书的价值，也订下了每个月看两本书的计划，但我们都做到了吗？工作忙、身体累、有别的事要做……我们经常允许自己可以做不到，却不能允许别人如此。

那么，我们再回到信念上，向自己提问：

能做到就要一直做到，这需要哪些条件？

这个问题其实在训练我们的系统思考能力。坚持做到一件事，看似简单，但实际上它是一个复杂的系统工程，需要多种因素的相互作用才能实现。然而，大部分人不具备这种系统思考的能力，因此容易感到痛苦和纠结。

就这一点，我们继续追问：

什么情况下，人们能知道，能做到，但不一定能"一直做到"呢？

许多职场人都知道要管理好时间，要事先行，很多时候也能做到。然而，当"要事"太有挑战性时，我们往往会下意识地拖延，这个时候就不再是"要事先行"，而是"易事先行"了。

所以，假如把信念转化成下面这样，你觉得怎么样？

知道，**可能**做不到。

知道，**也可以**做不到。

知道，**也许**暂时做不到。

后来，我爱人通过思考这些问题，不断地给自己的信念松绑，也极大地培养了作为父亲的同理心。这不仅改善了他与孩子们之间的关系，让他自己的状态更好，也确实有效地培养了孩子们的责任心。

你看，当某些根深蒂固的信念已经成为"限制性信念"，并且经常让我们陷入情绪中时，就需要将其拿出来审视，并且通过提问给信念松绑。

工具 3：抓住念头

抓住念头，即死磕自己，觉察 + 提问，敢于面对最真实甚至"不怎么样"的自己。

比想法和信念更难觉察的，是我们每时每刻都可能产生的
"念头"。念头经常是一闪而过的，需要我们极为敏锐才能觉察
其升起与消逝。所谓"一念地狱，一念天堂"，很多时候改变
就在眨眼之间，而这个"眨眼之间"就是我们看见念头，并向
自己提出完全不一样的问题的时刻。

> 2021 年的春天，一个阳光明媚的早晨，我走在北
> 京国贸附近的街道上，准备去见客户。路边开满了小
> 花，我那天也穿得非常体面、正式。因为客户来自医美
> 行业头部企业，特别注重形象，我的形象也必须匹配得
> 上他们。
>
> 由于出门太早，我没吃早饭，有点饿了，正想找找
> 附近哪里有卖早点的，迎面走来两个小伙子，他们手里
> 拎着豆浆和包子，穿着随意，头发散乱。我刚想过去问
> 问他们在哪里买的早点，可瞬间闪过一个念头——"不
> 要啊，我跟他们可不是一类人！"

有趣的是，我马上问自己一个问题：

良钰，你是哪类人？

我是要吃早点的人！

紧接着第二个问题：

作为都要吃早点的人，你和他们有什么不同？

显然没什么不同。

从对自己的念头产生觉察，到提问，再到回答，全程不足5秒。我笑了笑，真的觉得自己很可笑，然后快速走到他们身边，问道："帅哥，你们的早点是在哪里买的？"与我一开始的"担忧"不同，两个小伙子特别热心地给我指路，他们的爽快和热心在那个春寒料峭的早晨带给我丝丝暖意。

好几年过去了，这个问路的故事，这段我自己快速觉察念头并自我提问的经历，依旧深深地印在我脑海中。我之所以印象深刻，是因为这一次的觉察和调整，让我变得更加真实和真诚，让我能以平等心对待自己和身边的人，也让我回归简单与纯粹。

不过，并不是每一次的念头觉察，都能留下愉快的记忆。事实上，我们经常要面对一个可能自己都不想面对的自己。当我们瞬间觉察到自己的贪嗔痴，或猛然发现自己念头中的自私自利时，该如何面对？又该如何给自己提问呢？

比如，我曾经看到过我的同行——那些优秀的教练们——制作的个人短视频。有时，面对人家制作精良的视频，我会不自觉地产生"这有什么？我也行"这样的念头。我很快觉察到这一点并调整，方法就是问自己：

这个"我也行"的念头是在告诉自己什么？

假如我真的行，我现在为什么没做到？

看见好的视频作品时，比"我也行"更有价值的内心对话是什么？

回答这些问题并不难，我能够看到自己念头背后的积极意图，我也能够反思自己，并把"跟人比较"转化为"向人学习"。最难的是，大多数成年人觉察不到自己的念头，或者就算觉察到了，也并不愿意死磕自己，而更愿意放过自己。

毕竟，看见一个"不怎么样"的自己，哪怕仅仅是一瞬间，也是非常痛苦的。我们更愿意面对那个美好的、正面的、优秀的自己。然而，快速成长、突破自我、成为自己人生教练的秘密也就在这里。念头虽然短暂，却反映了我们的意识，而意识铸就了我们体验到的人生。

想法、信念、念头，构成了我们的思想。法国哲学家笛卡尔曾经说过："我思故我在。"**能够掌控人生的高手，一定是对自己的思想有主动觉察和主动驾驭能力的人。**你愿意成为这样的人吗？

如何训练自己的
觉察能力

回想自己的成长历程，我经常跟人分享："哇！学习教练第一年所获得的成长，顶得上我之前做十年咨询顾问获得的成长了！"

这听起来是不是有些夸张啊？还真不是。从事管理咨询的十年，我的确积累了很多能力和经验，但是从未有过觉察的体验。因为没有觉察，所以没有开启真正的内在成长。

事实上，只有我们开启了真正的内在成长，才能感知到自己的不同，真正的不同。

因此，我想向大家分享一下，我们该如何提升自己的觉察力。我在"VIC-高绩效个人教练培训"中，经常跟学员说："我

们成年人拼的，就是觉察的速度。很多时候，人和人之间的差
距，就在那一闪而过的觉察中。"

毕竟，**有了觉察力，我们才能给自己提出深刻的好问题，
才有机会按下暂停键，在当下调整，行动就会不一样，结果也
会大不同。**

提升觉察力的目标是什么呢？是要使我们从不知不觉，到
后知后觉，最后达到当知当觉。

觉察日记：开启内在观察之旅

有一种行之有效的方式：通过写"觉察日记"，让自己先
做到后知后觉。

我在刚刚成为教练时，经常困惑于该如何教育孩子。那时
我的大儿子安安已经 7 岁多了，小儿子才不到 3 岁。我经常看
一年级的安安不顺眼，但很多时候批评他后，自己又后悔，觉
得不该这么做，可到底该怎么做，我也不知道。

尽管那个时候我学习了教练，却不会给自己提问题，反倒
是跟许多人一样，自己要解决的问题有一大堆。于是我去请教
我的教练导师。

她先是问了我一个问题："良钰，我们把到底该怎么做放
一放。我很好奇，在对孩子的教育中，你最重视的是什么？"

我想都没想，就冒出来这句话："我要把孩子培养成正直、

诚实、善良的人。"突然间，我意识到：只要孩子有一点点没有按我的要求做，我就批评、指责他，我自己是多么不善良啊！

随后，导师给我留了一份功课：写觉察日记。她告诉我说："良钰，很简单，你先坚持三个月，就是记录你和孩子之间的事情。要求有两个，第一，你要从每一次跟孩子的相处中做到'凡事必有三'，每件事，至少看见三个维度；第二，必须向内求，看见你自己。"

这个写日记的习惯，我一坚持就是十年，直到今天，还在继续。

当时我还不知道，其实这个写"觉察日记"的训练，就是帮助我快速提升觉察力的秘密武器。虽然一开始是基于事后反思的"后知后觉"，但对于快速开启觉察，开启真正的"向内求"，非常有效。

在这里我为大家呈现一篇我在 2014 年的觉察日记（当时，我的大儿子安安上一年级），我们一起看看，觉察（看见自己的行为、思想、情绪以及自己固有的模式）是如何发生的。

2014 年 8 月 11 日

今天带着孩子们去了园博园。在车上，我们三个人每人拿着一本书（当时爸爸开车，我和安安还有两岁多的 Erik 都在看书）。安安特别想让我给他讲《幻想数学大战》，而我当时正专注于《顾问式销售》。我跟他说：
"你不是自己能读吗？"孩子说："妈妈讲的不一样。"但
是我还是坚持让他自己读。事情不大，但我还是觉得是
个事儿，为什么呢？向内求，从这点小事中，我能看出
什么呢？

第一，孩子特别想让妈妈给自己讲故事，可能对于
孩子来说，听妈妈讲故事是莫大的享受。

第二，我特别想读自己的书，我心里总在想"一
定要读书"，而且我有很多书想读，但好像总也抽不出
时间。

第三，在那一刻，我是自私的，因为我选择了自己
想做的事情。安安是顺从的，他总是很听话，对得不到
的东西并不是很执着地坚持。也许他坚持一下，我就给
他读了，但也许是孩子的善良和内心的小恐惧，害怕妈
妈生气，就放弃了。

第四，我自己放不下，不够洒脱，都39岁了，有时
候还出现"学与玩"并行，不能专时专用，所以我不愿
意给孩子讲故事，哪怕是在出游的路上。

所以，问题的根源在我自己。如何让自己更加高效，
更加专时专用，更加聚焦？也许做到了，就不会出现各
种小纠结，能完全活在当下。当下，可大可小，小到

如上面这样的事情，大到人生不同阶段及不同"大"的选择。

修炼自己，是永无止境的……

从这篇日记里面，我有哪些"后知后觉"产生了呢？（显然，在车上的时候，我只选择和决定了"我读自己的书，安安也读他自己的书"，但是，我没有觉察）

首先，后知后觉了"安安想要的和自己想要的"，如果当时更能体会到孩子的深层需求，也许可以多和孩子聊几句。比如，带着好奇问问孩子"妈妈讲的不一样"是什么意思，也许做决定的时候会有不同。

其次，后知后觉了自己的"自私"和"放不下"的状态。当然今天看来，这样说自己，也是一种评判，未必准确，但是至少导向了"问题的根源在我自己"以及"活在当下"这样的觉察，这些对于未来指导我遇到事情的时候，持续养成探求自己的习惯，是有效的。

当然，这篇日记来自十年前了。今天再看，当时的我真的需要"更加高效"吗？其实未必。

2014年，我两个孩子还小（一个7岁，一个2岁），爱人工作很忙，我独自负责装修新房，自己作为全职教练每天差不多还有8~10小时在接受训练和做教练项目……如果在当时，能够快速看到自己"想读很多书，但是总感觉抽不出时间"背后，其实是自己 30 多年来一直高标准、严要求、追求卓越的价值观，以及这个价值观带给自己的压力，我可能会选择：好，今天就好好给孩子读书。

九问框架：结构化提升觉察能力

我的故事就分享到这里。你可能更关心的是：自己要如何开始？觉察日记该怎么写？

回到本章开篇提出的三重觉察模型，如果我们可以先从日记中开启对自己行为、情绪、思想的觉察，即便是后知后觉，日记的结构应该是怎样的呢？

很简单，在你的日记里，一开始，只需要问自己下面这 9 个问题。

1. 今天发生了什么让我印象深刻的事情？（最好是对你有些挑战的事情）

2. 我做了什么？（你对自己的行为有哪些认识）

3. 这个过程中，我的感受如何？

4. 我产生了怎样的情绪？（以及情绪的变化）

5. 我看见自己有哪些念头升起？（或者这个念头一直存在）

6. 我还有什么样的内心对话？（内心对话就是自己的真实想法和思想）

7. 我笃信的，或者我最在乎的，是什么？

8. 对方可能笃信的或者在乎的是什么？（如果事情里面有"对方"）

9. 基于我们彼此最在乎的，下一次面对类似的场景或事情，我会如何思考、如何选择、如何行动？

其中，第 3 个问题，是关于自己的感受。我们可以直接写：我当时的感受很不好，或者，我感受到不被尊重，我感受到压力重重……很多时候直面自己的感受，对于我们去深度发现自己非常重要。

要想回答第 4 个问题，"我产生了怎样的情绪"，需要我们能够尝试命名自己的情绪（大家可以参考"觉察情绪"这一节中的"情绪命名表"）。感受先于情绪，比如，我感受到不被尊重，我的情绪是"愤怒"。

对于情绪的觉察往往比看见念头和思想更加容易，所以我们在觉察情绪之后，要把注意力放到念头和思想上。

第 7 个问题，其实是在探索信念和价值观。还记得"情绪 ABC 理论"吗？很多时候，我们不是被事情本身困扰，而是为"自己对事情的看法"所困。就像我在刚刚觉察日记中所呈现的，其实我"高效"的信念和"卓越"的价值观，很多时候反而成了自己的干扰源，而自己却毫无觉知。

因此，到了第 7 个问题，一旦我们看见了自己所笃信的、所在乎的，我们就有新的选择：坚守，调整，还是融合？

那什么是融合？这就是为什么要有第 8 个和第 9 个问题。你可能奇怪：这明明是我自己的觉察日记，为什么要关心对方？

我们想想看，我们的工作和生活中大部分的困扰和挑战，是不是首先容易和"别人"相关？孩子不听话，爱人不配合，领导不支持，团队不给力……

"向外求"往往是我们自然而然的模式，"换位思考"却是不太容易的。回看导师当时要求我在日记里面"凡事必有三"，其实我的日记里面已经在自然而然地换位思考了。找到"对方在乎的"，我们就有可能给自己提出"融合类"的问题，而很多事情一旦到了"融合"的维度，可能根本就不是问题，或者眼下的难题就能够迎刃而解了。

第 9 个问题，从"我"导向了"我们"。也许你一开始写觉察日记，发现这种关于"我们"的思考太难了，我建议你不要退缩，努力尝试。坚持下来，你的格局和系统思维会快速升维，你会发现很多自己现在定义的挑战和难题根本不是事儿！

训练自己的觉察能力的途径，除了写觉察日记，还有给自己找一个教练。觉察日记是给自己提问，完成与自己的对话；找到教练则是通过回答教练的提问，给自己建立起当下的觉察。

> 我曾经给一位女性管理者做教练，她当时跟我提到了夫妻关系。当说到自己的老公时，她的原话是："我的

爸爸和前男友都是这么对我的，他为什么不能？"

我问她："听起来你的观念里有一个'应该'或者'必须'——既然我的爸爸和前男友这样对我，我的老公也就应该这样对我。你怎么看我这个反馈？"

这一刻，她愣住了。当下，她清晰地看见了自己的"思想"，她觉察到，多年来，这个"他应该像他们一样对我"的信念，深深地阻碍了自己的亲密关系。

因此，当我们的觉察能力还不够的时候，除了觉察日记，找到一位你可以信任的教练，通过教练的提问来引发自己的觉察，也是非常有帮助的。

这一章，我们学习了如何通过自我觉察给自己提问，成为不一样的自己。读到这里，你对于自己当下的情绪和思想有什么觉察呢？

同时，别忘了，今天就开启你的"觉察日记"吧！

第三章

复盘：
找到精准的问题

面对痛苦，
如何提问和反思

痛苦 + 反思 = 进步

你有多相信，真正的成长，来自痛苦之后的深刻反思？

我笃信，痛苦 + 反思 = 进步。在讨论怎么通过复盘给自己精准提问之前，让我们先一起看看，面对痛苦时，怎样的提问和反思能让自己光速进化吧。

从情绪耗损到认知升级

就在过去的两年，我经历了两件让自己非常痛苦的事情。尽管此刻我已经能以非常平静的心情来分享了，但是当时，愤怒、懊悔、痛心等情绪交织在一起，真的是刻骨铭心。

2023 年 7 月的一个晚上，我遭遇了电信诈骗，在不到一小时内，15 万元从我的银行账户里面被分批转出，而我竟丝毫没有觉察。当我"醒过来"的那一刻，为时已晚。

那天晚上，我开车带 Erik 离开母亲家。在回家的路上，大概在 21 点的时候接到一个电话，起初我因为在开车，没打算接，但对方一直在打，我不胜其烦，就把车停靠在路边，接起了电话。那是一通私人手机号打过来的电话，对方自称是某航空公司的工作人员，询问我是不是刘良钰，是不是后天早上有一趟和家人一起飞往成都的航班。

"没错啊，信息都对，你有什么事呢？"

我确认了对方的问题。

对方称我的航班有改变，为了不耽误我们全家的行程，要我配合他操作，必须先给我完成"退款"，我才能重新订票等。

我起初是觉得有些奇怪的，这么重要的事情，为什么电话是用手机打来的，而不是航空公司的热线电话呢？但是，因为对方精准地说出了我的信息，我就默认对方说的"没问题"。不过我还在回家路上啊，而且天已经黑了，我不想在路上耽误时间，于是我就说："我现在在开车，晚点回家再处理，你们晚点给我电话。"

可没过几分钟，电话又打来了，对方说按流程"必须"先帮我快速完成退款，我只有拿到了钱，他们才能给我再次订票，还催促我"必须"快一些，否则不保证后天早上的航班能够安排好。

从这一刻开始，我陷进去了，而且越陷越深。带着烦躁又担心的心情（后来反思才发现，烦躁是因为对方催促我，担心是害怕影响全家旅行的行程），我停下车，开始按照对方的指示下载"ZOOM"，共享屏幕，打开手机银行……

第一个退款环节非常不顺利。一路上，我开一会儿，停一会儿，对方换了好几个人给我打电话，不停催促我，我完成了诸多操作，尝试……回看时发现，我一直被烦躁和气愤笼罩，心里很想回家处理，但是好像又不得不尽快完成操作，因为我非常担心错过航班，影响我们后面的 10 天旅行，以至于对方开始让我往别的账号转账了，我都丝毫没有觉察……

直到我开回自己家小区，转出最后一笔钱的时候，我才恍然大悟——我可能受骗了！但是，为时已晚……

> 我很难相信，这样的事情会发生在自己身上，我问自己：
>
> 良钰，你，48 岁，一家公司的创始合伙人。你，理性的良钰，总是能快速觉察问题的良钰，大师级教练良钰，你当时到底怎么了？为什么会让这样的事情发生在你的身上？

痛定思痛。面对此生第一次被诈骗（当然希望也是最后一次），我的反思是什么呢？

事后，我问了自己以下几个问题：

这个事情为什么会发生？

其中，跟我自己直接相关的是什么？

到底是什么让我有了当时的选择和行动？

从这次被骗的经历中，我学习到了什么？

未来，我可能会不一样的是什么？

回看整个过程，我首先想到的问题是：

我的信息为什么会泄露？这个我无从得知。那么，直接跟我自己相关的部分有什么呢？

我想到的有：一个自认为非常理性且非常有情绪控制能力的人，居然出现了一个多小时的全程情绪失控；一个大师级教练，居然没有觉察到这是一个骗局；一个 48 岁，自认为"智慧"的女人，居然做出了配合对方转账的愚蠢行为。

接着我又想：什么造成了我出现这些行为？

我最先想到的是我的复杂情绪。事后反思，那一小时里，我全程都处于四种情绪的交织影响中。

烦躁：对方一直在催促我，而且过程中频繁换客服，导致操作不顺利；我还在开车，有些操作要让 Erik 帮忙完成，"我真的很烦"。

担心：我想快点完成操作，毕竟后天一早就出发了，这可是全家人的重要旅行啊！千万别影响航班，要是第一站行程不顺利，后面的酒店行程都要改，那可麻烦死了，搞不好已经花出去的钱都浪费了！

愤怒："你们就不能等我一下吗，非要我在开车回家的途中处理吗？""为什么操作过程中还要换客服啊！"

怀疑："到底是真的假的？""他都把信息说得那么详细了，应该是真的吧，但是又感觉哪里不对劲呢？"

现在想来，也许对方正是利用了我人性中的种种缺点，操控了我的精神和行为！否则，诈骗怎么会成功呢？

那么，又是什么在影响我当时的情绪呢？

可以说是对方的一系列手段，催促、精神控制……但不够，这里面一定有一些东西是关于我的。

是什么呢？是我对于全家顺利出行的渴望，是我对一旦处理不好就要支出额外费用的担心，是我对于自己复杂情绪状态的失察……其实，在整个被骗的过程中，我有很多时刻觉得非常不对劲儿，但是似乎被一只看不见的"魔掌"驱使着，不由自主地被别人牵着鼻子走。真的不能停下来吗？不是，我可以停下来！

从此，我有了一个全新的感悟，那就是：**任何事情，只要觉得不对劲儿，就停下来！**

这是一次非常痛苦，又非常深刻的反思。让我清晰地意识到：即便是日常拥有良好内在稳定性的自己，也会有彻底失控的时候。我明知不要在情绪状态下做决定，生活和工作中绝大部分时候也都做到了，而这一次却在复杂的情绪状态下一错再错。看来，很多时候，我们认为的那个"自己"未必是真的自己。

反思五步法：剥开情绪，重构信念

这件事情发生以后，我梳理出一个自我反思的模型，叫作"反思五步法——从痛苦走向新的选择"。我也确实开始去践行，一旦觉得不对劲儿，就马上停下来。因为那一瞬间的"觉"，很可能就是真正的智慧。

2024 年 3 月，又发生一件事，Erik 在学校被别的家长"状告"校园霸凌并被警告和停课。我向大家展示一下基于"反思五步法"，我所进行的自我提问和对话过程，看看这次我学习到了什么。

第一步：事实

首先，回归所有事实，避免情绪化地表达想法、观点、评判。

● 孩子同学的妈妈给我电话，说 Erik 霸凌，而且她认定 Erik 缺乏安全感。

● 对方妈妈曾经在过去 10 个月里，发过 3 次微信给我，说 Erik 和她儿子小 A 打闹，Erik 有时候伤到了小 A。

● 我在过去 10 个月里，除了自己打过一次电话致歉，其他时间都是让孩子自己去道歉。

● 我去学校沟通，但是学校还是认定 Erik 的行为就是霸凌，要求他休学一周。

第二步：想法 / 情绪

在这里允许自己非常真实地表达当时所有的想法和情绪。

● "小 A 妈妈怎么可以这样？我看是她自己缺乏安全感！"我感到气愤。

● "孩子之间的问题根本就不严重，我们自己就能解决，怎么能轻易上升到霸凌的层面呢？我要请律师！"我感到气愤。

● "我的儿子是很棒的，如果从小给他扣上霸凌的帽子，他未来怎么办？"我感到恐惧。

第三步：愿望

到底自己和对方想要什么？在乎什么？渴望什么？

● 我想给孩子讨个公道；同时让孩子从这件事情里学到些什么。

● 对方想保护自己的孩子和学校的孩子；她想要我们和学校给出承诺和保证。

● 学校需要我拿出一个姿态，避免事态更加恶化，只有从严处理才能显示学校的重视。

第四步：信念

这一步的反思非常关键，往往能深度挖掘"痛苦的根源"并寻找到真正的转机。还记得情绪 ABC 法则吗？在反思中，我们非常有必要去看看 B（信念）是什么，或者去重塑自己的信念。

● 我的孩子不可能故意霸凌别人，他是非常懂事和优秀的。

● 既然发生了这样的事情，对于我和孩子就一定是个一起成长的机会。

● 我可以选择同理学校和小 A 的妈妈，因为我相信他们也已经做出了最好的选择。

第五步：学习

痛苦 + 反思 = 学习。最后这一步，我们深度反思自己并形成新的认知，最关键的是形成"未来原则"。

● 反思自己 1：忽视对方妈妈的微信交流，每次仅仅让 Erik 自己去道歉，同理心严重不足。

● 反思自己 2：我的愤怒源于对方说 Erik 缺乏安全感，而我认为自己的两个孩子心智都高于同龄人，不可能缺乏安全感，本质上是过于自信甚至傲慢。

- 新的认识：每个母亲都想保护自己的孩子，但是，你的孩子其实不是"你的孩子"，他是宇宙的孩子，他所有的经历都是一份礼物和学习机会，接纳所有是母亲应有的智慧。

- 未来选择：自己和 Erik 都要刻意去培养同理心，我还要教会 Erik 管理自己的时间和精力，把更多的精力用于学习和运动，减少打闹。

我从一开始无论如何没法接受"我的孩子"会出现霸凌行为和缺乏安全感，到真正能同理对方妈妈的感受和学校的担忧焦虑，到深刻反思自己的自信与傲慢，到深夜流着眼泪在日记本上写下：

你痛苦的根源在于，你认为 Erik 是"你的孩子"，你要保护自己的孩子。但其实，他是宇宙的孩子，他要经历宇宙给他安排的所有作业和学习。

那一刻，我放下了"我"和"我的"，才真正有了更多选择。

从痛苦中反思，让我们"有意识"地成长，成为真正有选择权的人。而仅仅经历痛苦没有深刻反思，就丧失了自我成长和进化的机会，带来的是自我思维方式和行为模式的重复。这种毫无觉知的重复，将带来无效的循环和持续的痛苦。

怎么样？这两个故事带给你什么启发？迄今为止，你所做过的深刻反思是什么？这些反思又带给你什么呢？

假如此刻，你可以基于"反思五步法"对自己的某次经历做出反思，你会如何开始呢？

自我复盘的价值
是什么

复盘，与反思同等重要。

复盘是一种反思和分析的方法，最初源于围棋界。它指的是在对局结束后，双方棋手重新回顾整个对弈的过程，通过分析每一步棋的得失，来加深对对局的理解，并找出双方在攻守策略上的不足。这种方法能帮助棋手总结经验教训，提高棋艺水平。

如今在企业领域，复盘的思想也被广泛应用。企业通过复盘，可以对策略、项目、方案等进行深入分析，总结经验教训，找出问题和不足，从而优化方案、激发新思路、提高创新能力。

现在常见的复盘步骤如图 3-1 所示。

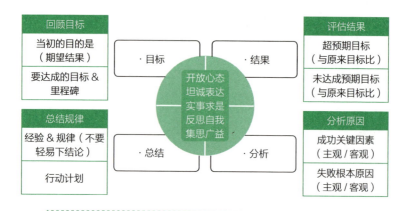

回顾目标		评估结果
当初的目的是（期望结果）	·目标 ·结果	超预期目标（与原来目标比）
要达成的目标＆里程碑	开放心态 坦诚表达 实事求是 反思自我 集思广益	未达成预期目标（与原来目标比）
总结规律		分析原因
经验＆规律（不要轻易下结论）	·总结 ·分析	成功关键因素（主观／客观）
行动计划		失败根本原因（主观／客观）

复盘的步骤：1.回顾目标；2.评估结果；3.分析原因；4.总结规律
复盘的态度：开放心态，坦诚表达，实事求是，反思自我，集思广益

图 3-1　复盘的步骤

何为自我复盘

复盘是不是一定要和对手一起进行呢？一个人能不能进行自我复盘？

当然能！我鼓励大家经常做自我复盘。自我复盘是一个给自己提问、与自己深度对话的过程。能做好自我复盘，对一个人学习发展的意愿度及当前的心智模式有一定要求。而这个时候，如果需要有个对手，这个对手就是自己——自己的思维习惯，心智模式，隐藏很深的想法、信念和假设等，都是自我复盘的关键内容。

自我复盘怎么做？通常是个人通过事后在头脑中和纸面上重现事件过程，重新审视、思考事件中的行为和思维，从而发现问题，吸取经验，找到根源，总结规律。最终，我们会实现心智跃迁，能力提升和自我进化。

如果要把自我复盘分类，我认为有这几种：项目复盘，定期复盘（月度、季度、半年度、年度），任务复盘，每日复盘（表 3–1）。

表 3–1　自我复盘的类型

复盘类型	定义	关注重点
项目复盘	个人主导或参与一个有明确目标和成果期待的项目，基于自身在项目中的角色、贡献进行复盘	项目目标达成情况、个人在项目中的角色与贡献
定期复盘	回顾自己一段时间以来的行动、能量、成果，聚焦个人成长的深度复盘	一段时期内个人的成长与变化
任务复盘	完成具体任务后马上进行的复盘，如刚结束重要内部培训、设计并主持重要公司会议等	任务执行过程、任务完成效果
每日复盘	基于每天生活和工作中的既定目标进行复盘	时间利用、精力分配

自我复盘与自我反思的不同在于，反思大都源于失败和痛苦的经历，而复盘是基于目标达成的情况进行深刻的自我对话，既能总结成功经验，又能揭示盲区和问题。最后都会形成新的思考和行动计划，支持你未来更加成功（图 3–2）。一个人

成长的速度，取决于自我复盘的速度。

图 3-2　自我复盘的意义

通过复盘实现认知跃迁

　　下面这个自我复盘的故事，是基于 2020 年下半年，由我主导完成的公司第一版公众号的推出而展开的。让我们一起从中看看，这次复盘对我提升自我认知，总结经验教训，保持自我进化，有怎样的价值。同时，也请留意有哪些提问值得你学习和借鉴。

　　2020 年 8 月，在曌乾组织教练第六次合伙人大会上，公司决定 2020 年 12 月在北京召开第二届中国组织教练大会。我们需要在大会前把公众号做起来。可谁来负责这件事呢？我们这个自发组织的平台中，没有人负责统筹管理，也没有正式的授权流程，每个人都是凭着自己的使命感和热忱来主动承担任务。于是，我主动提出"搞定公众号"。

从 8 月下旬到 12 月底，我和同事从零开始学习搭建公众号、设计文章版式、处理相关事务。经过几个月的"点灯熬油"，终于在大会召开之前，成功推出了墨乾组织教练公众号 1.0 版本。

好景不长，运作后期，团队从最初的十几人、4 个小组并行工作，逐渐缩减到只剩我和 T 姐两个人。大会闭幕后，T 姐也不干了，后续连新的文章都没人写了，公众号的运营变得难以为继……

如今重现整个过程，总结经验教训，自我复盘能带给我什么呢？

首先，这项工作的核心目标是达成了的。在 2020 年 12 月 31 日前，我们构建起了有一定品质的墨乾组织教练公众号，让更多人了解组织教练及墨乾的产品和服务，并且基于公众号做出第二届中国组织教练大会的推广宣传和会后的发文。

其次，整个过程中行之有效的是：我作为负责人迅速成立了几个小组，负责公众号不同栏目的内容创作。尤其是通过这个工作，我们让很多预备合伙人去访谈资深的组织教练和总教练，然后撰写案例和文章，对于同事们的快速成长起到了很好的助力作用。而且，我们的小组都是跨区域的（北京、上海、深圳、武汉……），通过大家的合作，也促进了教练间的交流学习，增强了大家的组织归属感。

但是，为什么到最后，公众号团队只剩下我和 T 姐两个人，甚至 T 姐也退出了呢？又是什么原因，使得大会结束后一段时间，没有人给公众号继续投稿了呢？

如果说复盘可以提升自我认知，那么，整个过程中，我的自我认知有哪些呢？

我清晰地看到自己作为负责人严格地把控所有环节。我紧盯时间节点和质量标准，完全不顾大家都是在义务劳动。有些同事速度慢了，工作的质量不合格（只是我认为不够好），我会直接反馈，甚至"开除"一些人。不少人都收到过我的"建设性反馈"，当然也包括批评指责。其实，对于一些人来说，整个合作过程的感受并不是很好，这我也是知道的。

整个过程中，T 姐也是一直非常投入、非常有热情的。起初，她对于我们找的公众号服务机构不满意，提出要换机构，也给了具体的替代方案。但迫于时间压力和内部其他核心合伙人的"权威建议"，为避免重复沟通，我拒绝了她的建议。事实证明，我们自己找的供应商在公众号编辑等服务上确实不够专业，T姐与他们的沟通成本很高，以至于她最后扛不住了才选择退出。

至于后面没人继续投稿，原因之一是我的行事风格严重地影响了大家的投稿热情。有一次，上海的专业级认证教练张敏（化名），非常认真地完成了一个项目的案例撰写，但我认为她写的稿件结构不清晰、重点也不突出，就给她退回去让她重新写。她认真地改完，再次发给我，我还是不满意，要她再改，然后就再也没有回音了……

这时我才意识到，我只是负责大会开始之前把公众号搞定，没人让我继续负责后面的投稿和审稿啊……

回看自我复盘的价值：提升自我认知，总结经验教训，保持自我进化。通过对负责公众号工作的复盘，我再次看见自己作为"老虎"（基于DISC个性测试①，我是老虎型人格）的优势

————————

① DISC个性测试是以美国心理学家威廉·莫尔顿·马斯顿博士（Dr. William Moulton Marston）的DISC行为模式理论为理论基础的一种人格测试。该测试被企业广泛用于评估人员的工作风格和人际交往风格等。DISC个性测试将行为风格分为4种类型：D型人格（老虎型）、I型人格（孔雀型）、S型人格（考拉型）、C型人格（猫头鹰型）。

与不足：精力充沛、敢想敢干、果断积极、注重效率，但不近人情、独断专行。同时，我还在无意识中发挥了自己的这些特质，影响到了组织里的其他人。

有趣的是，我的这些特质，我是知道的！而且我是教练，按理说，我应该对自己的"老虎风格"有所觉察，可为什么我还会陷进自己习惯的模式里呢？通过复盘，我发现根源是压力。

什么压力呢？时间的压力（预留给我们的时间非常短），团队的压力（临时组建的志愿者团队，天南海北的教练，沟通成本很高），品质的压力（组织教练大会有格调，公众号是门面，前期工作必须做好）……

我发现，即便是教练，即便我们有很好的觉察能力，在压力状态下，还是会很容易回到自己习惯的模式里面。而同样的模式，大概率带来同样的结果。

那么，如何实现自我的进化呢？我给自己提出了这样的问题：

通过这次复盘，我最大的收获是什么？

尽管我当时已经是专业级认证教练，但是在压力面前依然很"老虎"，依然回到了习惯的模式里，并不能长期地、始终如一地"保持觉察"和"自在切换、自由调整"。

未来，面对同样或类似的工作、任务、场景、挑战，我需要如何"有意识"地思考和行动？

我并不惧怕从 0 到 1 的事情，也不惧怕任何复杂度很高的工作。未来，我作为项目负责人、团队负责人、企业负责人，需要的是更加有意识地觉察自己所处的环境和当下的压力状况，甚至是在团队组建初期，就寻找并匹配到能与自己"老虎"风格互补的核心成员。理想的状态是做好一个项目，留下一个团队，而不是做好一个项目，干跑一个团队！

项目复盘：
哪些问题"稳准狠"

接下来我们讨论一个更有意思的话题：如何在项目复盘中，给自己提出"稳准狠"的好问题。

之所以聚焦于项目复盘，是因为现实中很多工作和任务，都可以基于项目思维，重新梳理并取得更好的成果。生活也是如此，搬家、给孩子找幼儿园或学校都可以是项目，就连我家大儿子安安申请留学，我们也没有找中介，而是让他自己把大学申请当成项目，自己完成的。

这里我们参考一个复盘模型：复盘四步法（图3-3）。我在复盘四步法中的每一步都提出了几个问题，让复盘更加有效。当然，这一部分，我们还要探寻：假如在项目复盘中，有且只有一个"真问题"，那是什么？

1. 为什么要做这件事？
2. 目标是什么？
3. 期待怎样的结果？
4. 我的角色是什么？
5. 我有什么发现？
6. 我有哪些学习？

回想当初的目的或期望的结果是什么

对照原来设定的目标，看完成情况如何

1. 达成了怎样的结果？
2. 没有达成什么？
3. 哪些超出预期？
4. 哪些差强人意？
5. 我有什么发现？
6. 我有哪些收获？

复盘四步法

1.回顾目标　2.评估结果　3.分析原因　4.总结经验

1. 成功的经验是什么？
2. 哪些是教训？
3. 有什么规律可循？
4. 下一步的行动计划

总结经验，包括得失的体会。是否有规律性的东西值得思考和下一步的行动计划

仔细分析事情成功或失败的关键原因

1. 成功的因素有什么？
2. 失败、遗憾的原因是什么？（主观，客观）
3. 我有什么发现？
4. 我有哪些收获？

图 3-3　复盘四步法

项目复盘的本质：从场景再现到认知重构

既然我们聚焦的是"给自己提问"，而且在自我复盘的环节中，不会有很多人与自己进行讨论和对话，那么，在复盘的关键步骤上，向自己提出不一样的问题就尤为重要。

更具挑战性的是，我们要敢于面对这些问题给出真实的答案，以及直面给出答案的"我"，哪怕答案会显得这个"我"有些弱小、自私、没能力……如果能将自我复盘推进到这样的深度，你就是自己的教练，是保持主动进化的人。

2022年，我在公司主导一个名为"业务合伙人跃迁营"的项目，目标是在3个月内提升新加入的数名预备合伙人的心智和能力，尤其是业务拓展能力。

我作为项目总设计人员和总负责人，还为大家特意安排了一位内部教练Mary，负责推动整个项目的进程并提供支持。当时我自认为项目设计得非常好，因为有以前的经验做支撑（我几年前在公司刚成立的时候也主导过类似的项目，周期更长，参与人员更多，复杂度也更高），因此，在我看来，这次项目必然会成功。

事实上，3个月之后，我们没有得到既定的成果，参与的伙伴感受也不太好。当我自己复盘、进入"分析"这个步骤的时候，我要直接探寻失败的根本原因。不得不说，这是一个不那么容易的过程。而且，我发现自己还是更倾向于将"客观原因"作为自我安慰的借口。

当时，新冠疫情的封控阶段已经进入尾声，很多地方陆续"解封"。但很快，我们所有人都生病在家，所有学习活动不得不在线上完成；进入项目的业务合伙人还有些在职的，时间精力不够，加上生病的影响让他们投入度降低；大家对于项目设计的苦心不理解，还在"等""靠""要"，自己的主动性没有发挥出来；Mary

教练不能真正理解我的想法，她也缺乏经验，我们的沟通不是很顺畅……总之，太多客观原因导致项目受到了影响。

真正的复盘不是追责，而是暴露认知盲区

写到大家和 Mary，我知道自己已经"不客观"了。因此，我必须回到"主观"，向内求，向自己提问。于是，又有几个问题浮现出来。

项目失败，跟你自己有关的是什么？

效果不明显的行为有哪些？

行为背后的想法、信念、假设是什么？

假如有一个更加本质的原因，那会是什么？

假如项目的不成功，有且只有一个"真问题"，那会是什么？

那个最为根本的原因中，与"我"相关的部分有哪些？

我的结论是：项目的成果，跟所有客观原因和其他人都没有必然关系。根本原因与我最相关。是我的过度自信甚至是傲慢，和对过往经验的假设，导致了过程中的聆听、共识深度不足。

再深挖的话，如果进行系统的思考，我发现这个项目一开始就犯了一个跟很多企业做干部培养类似的问题：所谓的成长目标，到底是对方需要的，还是组织想给的？

显然，我们这个项目，就是"组织想给"。那么，如何从"组织想给"，转变为"对方想要"？如何真正调动起参与者的内驱力和主动性？如何把"组织要发展你们"从一开始就定位为"每个人都要成长，组织提供支持，创造共赢"？这是项目负责人或者最高决策者一定要去思考的。

通过上述复盘，我继续问自己：

假如过去的经验可以复制并指导当下，需要哪些前提条件？

我如此在乎效率，假如人的发展和效率产生冲突，我如何选择呢？

作为项目总设计师和负责人，我的系统思考能力如何？还有哪些可以提升的空间？

由此我发现，**任何时候的经验都未必能指导**当下。真正有效的思维模式应该是：我们当下的目标是什么？达成目标的关键要素有哪些？有什么经验可能适用？有什么需要我们共同创造出来？

人的发展和所谓的"效率"产生冲突，这不仅仅是我负责的这个项目面临的问题，其实也是很多管理者面临的挑战。通常来讲，给机会、容错、指导、反馈是非常好的人才发展措施。然而，不可否认的是，这样做有时候会带来暂时的效率折损。因此，管理者或者领导者永远要明晰的是：当下什么更重要，什么最重要？需要带着清醒的意识做出选择。

我们这个项目的初衷是让大家获得真正的成长和突破，然而，我这个"老虎型"的项目负责人，却又不自觉地聚焦于效率。

最后，回到我自己作为项目负责人的系统思考能力上。经过理性地复盘和分析，我发现我在这个项目上的系统思考能力还是不够啊！最大的失误是：没有把被发展对象当作系统中的关键要素或实体给包含进来。

有了这次体验之后，我在给各个企业设计组织教练项目的时候，就会额外关注所有重要的利益相关者，特别是那种企业一把手提出要发展中高层领导者的领导力和心智的项目，我会特别注重提前与高管团队一起就项目的目标、内容达成共识，也会去逐一访谈其他的管理者。

我发现，有一种假设是非常不"与时俱进"的：组织要发展你们，而你们却是被动的。实际上，我所看到的是，如果管理者和高潜人才没有"我们是自己的CEO，我们要更好地自主管理和加速跃迁"的底层意愿和信念，那么CEO的一厢情愿是很难实现的。

最后，面对"根因在我"这个结论，我内心还是有些委屈。尽管我做了大量的工作，付出了很多时间和精力，对组织的贡献却微乎其微，伙伴们感受也不太好。这时，自我复盘的关键来了：我们真的能面对自己的感受并且跨越过去吗？我们真的能放下那个"小我"，从更高的维度看待问题吗？

这确实不容易，但我们依然可以做到。这次的项目复盘让我深深看到了自己在思维模式、假设、维度的欠缺……同时，它也为我以后领导更大、更复杂的项目，以及应对"看似完不成的任务"奠定了至关重要的基础：放下傲慢，用心聆听，深度共识，慎用经验，共同创造。

年度复盘：怎样提问让"个人年度工作"价值倍增

在工作中，我们做成或者做不成一些事情，背后的原因是多方面的，否则就不会有"天时地利人和"这样的说法了。稻盛和夫在《活法》中也提到：人生的过程本身，就像磨炼灵魂的砂纸。人们在磨炼中提升心性、涵养精神，带着比降生时更高层次的灵魂离开人世。

能量回顾法：从能量层面挖掘成长契机

工作和事业，是我们升华自己、持续进化的修炼场。那么，年度自我复盘能助力我们实现哪些升华和进化？在年度复盘的过程中，我们又该如何给自己提问呢？

我的年度复盘采用的是"能量回顾法"。通过回顾全年工作中的"正能量"和"负能量"事件,我们可以:明晰自己的需求、渴望,以及价值观;发现自己认知、能力上的优势与短板;洞见自己与系统的关系和系统现状。基于这些发现,做出自己可控、可以触发的行动。

你可能会疑惑,既然是工作复盘,那么从全年的工作业绩和成果来分析不是更直接吗?哪些做到了,哪些没做到,经验和教训是什么……为何要从能量的层面入手呢?

这样做的优势在于,首先,提升自己复盘的主动性。毕竟回看过去的一年,尤其是要面对很多"没做成"的事情,难免有些不愉快。但如果从体验自己的能量入手,会比较容易开始。其次,提高自我复盘的效率。因为,我们工作成果的取得和挫败,很大程度上也会体现在自己的正能量和负能量体验中。

那么,能量回顾怎么做呢?很简单,只需要问自己两个问题。

过去的一年,我在工作中经历的正能量时刻有哪些?

将它们全部记在纸上,例如,年初公司举办的大型市场活动,我负责组织统筹,活动取得了圆满的成功,这让我感受到了信心和力量。在列完所有正能量事件后,再思考:

过去的一年,我在工作中感受到的负能量时刻有哪些?

同样逐一列出来。

注意，关键来了：**我们体验的所有负能量时刻，恰恰提供了自我进化的契机。**正如前面提到的公式：痛苦＋反思＝进步。聚焦于成长，我们一定能从那些印象深刻的负能量时刻中，挖掘出自我进化的机会。

在负能量时刻中寻找进化机会

以我为例，在某一年的年度复盘中，通过这样的梳理，我发现了一个曾出现多次的负能量时刻，那就是我在开会时候的无力感。我没有轻易放过这样的发现，因为一年中我列出来的负能量时刻本就不多，而这样的无力感竟然出现了 3 次，其背后必然隐藏着我的"进化机会"。

于是，我向自己问了这几个问题：

这种"无力感"在告诉你什么？

你内心真正的渴望是什么？

你对自己有哪些新的发现？

你对自己所处的系统有什么发现？

未来，你能做些什么，促使系统（团队、组织）发生一些积极的改变？

未来，你需要做出哪些调整，将会议中的"无力感"转化为有效贡献？

我自己很认真地回答了每一个问题，收获到很多。

首先，聚焦开会本身，我意识到，自己的"无力感"并不是因为别人做了或者没做什么，更多的是因为自己没有提前准备一个强有力的解决方案，而是习惯于带着问题开会，然后抛给大家，期待同事们在现场共创出一个很棒的解决方案。

但现实是，会议时间有限（我们不经常开会，每次开会议题很多），同事们很难一下子理解我的深层意图，更别说马上进入系统思考，共创解决方案了。不能说会议没有结论，但会议形成的共识和结论，我并不满意。那么，满意的共识和结论是什么呢？其实我自己也没有梳理出来。

如果那一年不去做年度工作复盘，我是无法觉察到这个问题的。由此，我又有了两个发现，第一是自身的不足。如果我期待在会议上针对某个严肃、重要的问题做出决策，就一定要带着解决方案，甚至要提前与重要的利益相关者沟通，邀请他们也带着思考和方案参会；如果我只是想通过共创形成多种方案但不着急决策，那么，就需要设计一个更高效、有效的会议共创流程。

其次，我内心真正的渴望是组织的快速成长和进化，而会议只是一个载体而已。当现实与自己的渴望存在落差的时候，我通常会选择"等等"。然而，我当时并未发现，我大脑选择的"等等"和自己心里所期待的"加速"，其实是相悖的。

而这种"等等"的心态源自"保持和谐，才能更好地一起共事"的底层信念。如今，我重塑了自己的底层信念：**在会议中直接沟通，给予有效反馈，甚至接纳建设性的冲突，有时候反而更能加速团队和组织的进化，提升效能。**

基于具体任务的复盘，关键问题是什么

基于反思和复盘来给自己提问，以促进成长，有个秘籍：越及时，越有效。当然，还有一种更加及时的复盘，那就是基于具体任务的复盘。在完成任务之后，马上自我复盘，迅速迭代自己的思维和认知，内观自己的模式和习惯，制定后续策略与行动，真的能够事半功倍。

KISS 模型：基于四维框架向自己提问

基于具体任务的复盘，我推荐大家一个更加简单的模型：KISS 模型（图 3-4）。

图 3-4　KISS 模型

　　我们如何借助这个模型，在完成具体的任务和工作之后，马上复盘呢？在复盘中，有哪些关键的问题是一定要给自己提出的呢？

　　比如，我在做教练的同时，还是一名资深的培训师，经常给教练学员传授教练的理论与技巧，或者在企业中培养管理者的教练型领导力与提升心智模式。我发现，"培训"是一项技能，只要多实践、多迭代，就一定能做得越来越好。我也会刻意在每次培训任务结束以后，用 KISS 模型自我复盘，在四个维度上去发问。以下是我自己的部分，供大家参考。

　　Keep：这次培训，我做得好的是什么？值得我下次继续保持的是什么？

　　例如，找一个教练协助我做板书记录（我在课堂上跟学员进行教练对话展示的时候，安排一位助理教练做记录。这样比以前我自己一边对话、一边记录，效果要更好）。

　　Improve：我在哪些方面需要提升？

　　例如，上课做 DEMO（教练对话展示）的时候，要更多与台下的学员互动，避免把全部的注意力都给了台上的"客户"（被教练的那位学员）。

Start：我要开始一些什么？（哪些动作我没有做，但是应该做）

例如，我发现，有时候学员上课比较抽离，不参与练习和讨论，而我曾经是比较"佛系"的老师，随他们去吧，不去管理和干预。在一次培训后的及时复盘中，我突然意识到，那些不参与的学员，往往能量非常低，一定程度上还会影响其他同学的能量。因此，我就决定，下次要"开始"去干预，走到这些同学的身边，主动关注他们的状态，提出问题，进行对话，用我的真心关注和赋能，激活更多的学员参与。

Stop：我要停止什么？（哪些动作我做了，但是起到反作用）

很多时候，我在培训中，想要自己发现应该"停止"什么，还不太容易，特别是每次培训学员都积极投入、热情洋溢的时候。我有一个习惯，主动去询问学员和我们现场教练同事的反馈，听听他们怎么说。有一次，有位同学跟我说："老师，您有点爱说'我不确定'这四个字，希望您留意，因为我们来听课，肯定是希望您讲的都是确定的啊！"多好的反馈啊！我把这一点记录在了自己培训后的 KISS 复盘中，从那次开始，我就刻意去调整自己了。

看到这里，你可能觉得，这个 KISS 模型还挺简单嘛！没错，从结构上来看，确实是比较简单的，但是想要用好它，还有一些窍门，我们最好要知道。

比如，保持什么，改善什么，开始什么，停止什么。这里，关键词是"什么"，越具体越好，越清晰可见越有效。我们要避免去记录那些笼统的语言，比如，"保持高效""保持对客户的关注"，就不够清晰。做到了什么叫作"高效"？做到了什么叫作"对客户的关注"？一定要落实到具体的行为和做法上。

由己及人，KISS 模型的深度应用

当我们自己形成了"KISS 习惯"，就会自然而然地帮助别人。比如，我经常在家里用这个模型帮孩子们复盘他们阶段性的学习成果——通常是每个学期的期中和期末各做一次。假如寒假刚刚结束，我可能会问他们：

这两个月，你对自己的学习成果满意度如何啊？（1~10分，打几分？）

注意，一定要调动孩子自己的主动性，打几分都可以，都有对话的空间。分数越高，能够"保持"的就越多，接下来需要找到有效的做法去坚持；分数越低，则越要引导孩子主动去"提升"、"开始"和"停止"。最怕的是，我作为妈妈，对孩子学习成果的满意度本身偏低，这样的话，就很难"KISS"下去了。

你给自己打这个分数（比较高的满意度）的话，你认为自己做得好，要继续保持的方面有哪些？

哪些方面需要改进和提升呢？

下半学期，你想把满意度提升到几分呢？（自己有目标，才有停止和开始的意愿）

你要开始哪些事情、行为了呢？

哪些事情、行为要停止了呢？

我的两个孩子就是在这样经常性的复盘、对话的环境中成长起来的。我清楚地记得 Erik 要坚持的是把画思维导图作为他自己复习功课的有效策略。他也确实从五年级开始坚持到七年级，成绩一直保持在 A 或 A+ 的水平。他也清楚，自己要停止的是上课跟同学说话。虽然频次不高，但如果停止了，会让自己上课时的状态更专注。

我的两个儿子相差 5 岁，性格迥异。但他们的最大共同特点是：基本从四年级开始，完全自驱自转，自我管理，不用扬鞭自奋蹄。我想，这确实跟我对他们的经常性提问和对话有关系。

最后我想说的是，KISS 模型本身不复杂，基于 KISS 模型的提问也都比较简单直接。关键是要及时地"KISS"。为此，我们需要养成一种意识：**在一些关键任务，或者是对增长能力和提升心智特别重要的具有挑战性的工作完成之后，一定要及时复盘。如果感觉自己有可能看不全，那就主动去寻求他人的反馈。**当我们的 KISS 复盘效率和深度都达到一定程度时，我们就能真正管理好自己，也会基于这种自我管理能力，在必要时发挥更大的影响力。

每天的工作复盘，让你绝对胜出

　　除了项目复盘和年度复盘，我也有基于每天的生活和工作情况进行自我复盘的习惯。虽然不一定是每天，但的确是"经常"。每日复盘，特别是每日工作复盘，关键在于主动审视自己的时间精力分配，从而发现自己的模式和习惯，并针对工作目标，主动做出调整。

8 个问题构建每日工作复盘框架

　　每日工作复盘，我们可以从如下 8 个问题入手：

　　我今天想完成什么？

　　实际的成果怎么样？

我做了哪些计划之外的事情？

哪些计划之内的事情没有做？

我的时间分配是什么样的？

我对自己有什么发现？

我接下来要调整什么？

这个调整会带来什么？

作为教练、创业者，同时也是专业人士，我曾经通过每日工作复盘，特别是审视时间分配和优先级安排，对自己获得了深刻的发现：我经常毫无觉察地把那些与市场拓展、商务洽谈等与经营者、合伙人身份有关的工作往后推，而自然而然地把项目设计、项目交付、产品开发及优化、课程打磨、案例撰写等与专业教练、培训师、总教练、产品设计者这些身份有关的工作往前排。

于是，我进一步给自己提问：

这些发现在告诉我什么？

这些发现告诉我优势的力量和习惯的力量。教练是我的优势，包括所有专业类的工作都是我的优势，因此作为一个普通人，我虽然也有每日、每周、每月的工作计划和必达目标，虽然清晰地知道自己还是一个合伙人和经营者，但只要没有"火烧眉毛"，只要时间上还有一点点的允许，我就会不自觉地优先选择自己有优势和习惯的工作去完成。而自己不擅长、不喜欢的工作，就会被自动往后排。

一个拥有出色觉察能力的专业教练尚且如此，职场普通人会是什么样子的呢？同时，那些带领团队的管理者，特别是那些从技术岗位转到管理岗位的领导者们，他们是会优先完成管理相关的工作，还是专业技术相关的工作呢？

我想起了多年前读过一本非常有意思的书，名叫《吃掉那只青蛙》（*Eat That Frog!*）。作者博恩·崔西（Brian Tracy）在书中提出了一个假设：如果你每天必须吃掉一只青蛙，什么时候吃掉最好呢？想必大家的答案都是"留到晚上"。但其实答案是"早上一睁眼就吃掉"。这只青蛙，其实就代表了对我们最有挑战性的工作，我们要有意识地选择先去完成这类工作，而不是反复拖延，拖到最后只能带来更低的工作效率，对于你的时间规划没有一点好处。

从每日复盘习惯，到终身成长机制

当我通过每日工作复盘发现了自己习惯的模式后，我决心去调整。具体的行为就是把与业务拓展相关的工作刻意往前排，每天先去完成，哪怕是硬着头皮给客户打电话。为什么呢？是有某个领导来监督我的工作吗？没有。是因为可以挣到更多钱吗？也不一定。

我做出调整，唯一的目的就是成长。作为组织教练，我的工作要与客户保持高度同频，而我的客户往往是企业的管理者、经营者。我所遇到的挑战，他们一定也会遇到，而且只会比我遇到的更加艰辛和复杂。假如我以经营者的身份去严格要求自己，我就可以更好地与客户共情，也才能更好地支持他们。

因此，每日复盘是非常有价值的，**复盘让我们看见自己，进而快速回到自己的角色和责任上，做出选择和调整。**

"不积跬步，无以至千里；不积小流，无以成江海。"任何伟大成就的背后，都是日复一日的点滴耕耘和孜孜以求。每日复盘，亦当如此。

复盘和自我提问，相辅相成，密不可分。**有效的自我复盘，需要我们首先提出好问题，而更多的好问题、真问题又会在复盘的过程中自然生发出来。**

复盘本身不是目的，就像提问本身也不是目的。真正的目的，是我们保持"死磕自己"的精神，探寻智慧的答案，在所有的情景中都能内观自己，反求诸己，成为一个终身学习者，成为一个掌控自己人生的人。

用年度复盘加速新一年的蜕变

看到这里，也许你会说："好像有点难啊！"我承认，如此死磕自己，确实蛮辛苦的。但正因为不容易，如果我们做到了，在新的一年里就必然会有更加明显的蜕变，进化才能真正发生。

这里还有一些年度自我复盘的问题，涵盖工作与生活两方面，送给大家参考。助你继往开来，开启新的一年。

这一年，我取得了哪些可圈可点的成果？

这一年，我的成长有哪些？

在遇到困难的时候，我想问题的方式有了怎样的不同？

在压力挫折面前，我的情绪／能量状态有了怎样的不同？

我有了哪些新的认知？（比如，对商业、对人性、对世界）

这一年，我的时间是怎么分配的？

面对这样的时间分配，我的满意度如何？（1~10 分，打几分）

这一年，我开始有意识地多做了哪些事？少做了哪些事？不再做哪些事？

是什么让我形成了这些意识？

新的一年，我内心有哪些新的渴望？

我还需要在哪些方面实现成长和进化？

我应该把时间精力放在哪里，才最有可能实现内心的渴望？

你会发现，这些问题将引导你：

发现过去一年的"成长"和"成果"。

回顾自己在"情绪""认知"方面的改变。

觉察自己的时间分配（反映了你的焦点管理，而焦点与你的成果直接相关）以及满意度。

觉察自己的"意识"形成过程。

明确内心的渴望，以目标为导向。

再次回到自己的成长和时间管理或焦点上。

这些年度复盘问题，是"成长与进化"导向的。这些问题的背后有一种积极的假设：**如果我们能够留意自己的内在成长，包括情绪和认知的进步、时间分配的不同、意识习惯的养成、内心渴望的澄清等，我们就能成为自己的人生教练，能自主管理与导向，实现真正的内心强大，从而拥有并创造自己想要的人生。**

4

第四章

聆听：
提出更深刻的问题

"听到对方"
与"扪心自问"

　　很多时候，我们觉得提问很难，或者与他人的对话不好进行下去，是因为我们的"聆听"不够。假如我们可以学会聆听，就能提出更深刻的好问题，成为一个更具智慧和影响力的人。这时候，我们自身一点点地改变，或许就能让这个世界变得大不同。

　　在我从事教练工作的第三年，也就是2017年，我认为自己达到了不错的人生状态：孩子们越发懂事和独立，我和我爱人的沟通越发顺畅且同频，我的教练事业蒸蒸日上，收入也越来越高……那时，我觉得自己格外阳光、自信、充满正能量。唯独让我头疼的，竟然是我的老妈！

　　那时候，老妈偶尔会来我家小住几天。

跟孩子们在一起的时光也是老人家最开心的时刻。可是，当时在我眼里，老妈的"问题"太多了：她喜欢指责孩子，没少说诸如"安安不要总躺着，坐起来"之类的话。不仅如此，她还爱管我："你不该给他们买饮料，喝点白开水不好吗？"诸如此类的"问题"，让我十分头疼。

我不停地对老妈讲："您要向内求，您要赋能孩子，您要有更多的正能量，您不能这样，不能那样……"

直到有一天，老妈幽幽地对我说："女儿呀，你是教练，我不是啊！老妈一辈子都这样，我现在已经尽力了……"

我被老妈的这句话深深"震住了"。

我听到了什么？我似乎刚刚能感知到 70 岁老母亲的无奈，以及内心的渴望：孩子啊，你能理解我吗？我跟你不一样啊，你对我的要求，我达不到呀。

我不禁开始给自己提问：

良钰，你一直认为自己接纳了所有人，可今天听到老妈这么说，你觉得自己真的接纳她了吗？

你对她有着怎样的期待？

你从老妈的话语里，看到了自己的什么？

那一刻，老妈成了我的镜子，我经由她，照见了自己。

自以为教练状态很好，自以为接纳了一切的我，原来并没有真正接纳老妈。我没有觉察到，自己的潜意识深处潜藏着这样一个执念：一直期待老妈能像我一样，我是个"教练型妈妈",那么她也"理应"成为一个"教练型姥姥"!

从老妈的话语里,我不仅看到了自己的信念和期待,更意识到自己在一段时间里的缺乏觉察:没错,在和老妈的互动中,她批评孩子,我心里就批评她,虽然嘴上没有直接说出难听的话,心里却对她进行了指责,充满了各种"应该""不应该"的声音。

假如,今天的我再次面对老妈指责我的孩子或对我的做法提出批评,我会如何处理呢?

我会从多个维度来审视这些场景。

老妈的行为背后,积极正向的意图是什么?(例如,老妈也是出于对孩子的关爱和教育的重视,希望孩子们能健康成长,也希望我能把孩子教育好)

假如我感到不舒服,我在乎的是什么?(频繁的批评指责不利于帮助人成长,赋能才更重要)

我们两个人的意图和目标,有什么是一致的?(我和老妈都心系孩子的教育和成长)

我自己可控的是什么?(我的意识、我的能力、我的做法)

我所在乎的、我所笃信的,值得被重新审视的是什么?(批评孩子一定会影响成长吗?或许可以锻炼他们的心理韧性呢)

我能够做出哪些调整?我应该把自己的想法和教育理念跟老妈好好沟通——而不是强调她哪里做错了,也不苛求她一定能改变自己。毕竟孩子们总要面对形形色色的人和事，他们能从姥姥的反馈中获得成长经验就好了，而我也要一直锻炼自己的适应能力。

通过深度倾听，我们可以建立一种意识：经由他人，照见自己。从而给自己提出更深刻的问题，成为自己的教练。

用"3F 结构化聆听"
提出不一样的问题

如果希望通过聆听他人给自己提出好问题，我们要先提升自己的聆听能力。千万别小瞧"聆听"这件事，我们习惯的，通常是"不听"或者"有选择性地听"。

如果你不信，我们看看下面的对话。

经理：王亮，你这个报告还得改一下啊，错别字太多了。你看看赵明，每次提交的报告都是准确的，你要好好跟他学习一下，报告一定要专业。

王亮：经理，赵明是您自己招聘来的，所以您就总夸赵明好。我们这些老员工在您眼里就是怎么都不行，唉！

请你感受一下，经理的关注点在哪里？王亮的关注点又在哪里？如果王亮可以"听见"经理的心声，经理在乎的到底是什么呢？如果经理也可以"听见"王亮的心声，那么他的沟通又该如何优化？

在我看来，这么简单的对话中，王亮确实"跑偏"了。经理的焦点在于"报告要专业"，他只是顺便提到了赵明，而这个"顺便提到"，显然引发了王亮的抵触情绪，结果就把对话的角度给引向了"老员工怎么都不行"。

是不是有点可笑？但是，这种沟通中毫无意识地"跑偏"、"转移焦点"或"情绪牵引"，在我们的工作和生活中难道不是普遍存在吗？

上述案例中王亮的聆听方式，可以称为第一层次的聆听，这是一种选择性聆听，是以自我为中心的聆听。在这种聆听模式下，接收信息的聆听者，如王亮，会更多地聚焦在"我"，例如，我在乎什么，我想听到什么，然后基于自己的观点和需求给出回应。

正因这个"我"的存在，聆听者往往就会像王亮一样，无意识地"跑偏"，严重影响沟通的效率和质量。如果这个经理有觉知，那么他能快速把话题转移回来，但我也见过不少管理者会顺着"老员工都不行"的话题继续"跑偏"。

这样简直太低效了！

还有一种第一层次的聆听，属于"瞬间把聚光灯转向自己"的聆听。例如，

闺蜜跟 Lily 说："我老板真的是太挑剔了……"

闺蜜的话还没说完，Lily 就马上接过话茬："你老板算好的了。我跟你说，你从来没有见过我老板那么苛刻和不讲理的人……"

闺蜜被迫从倾诉者瞬间变成了倾听者，心里自然非常不舒服。

我们要学习的聆听，是超越这种毫无觉知的第一层次的聆听，迈向一种真正以对方为中心的聆听——3F 结构化聆听（图 4-1）。

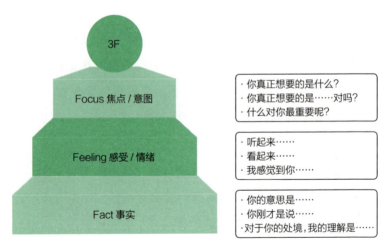

图 4-1   3F 结构化聆听模型

基于 3F 结构化聆听，我们在聆听中要对哪些内容格外敏感呢？我们又该训练自己在聆听中提出哪些问题呢？

听事实——Fact

要能够听到对方陈述的事实，并快速区分事实、想法和评判。比如，我们经常听到一些管理者说："现在的年轻人都太有自己的想法了，管理起来太费劲了！"

这里的"事实"是什么呢？很遗憾，这句话中没有事实。有的只是这位管理者对于团队成员的评判：太有自己的想法了，以及他的感受——费劲。

那么，假如我们想问清楚事实，该怎么提问呢？

你说的"有想法"具体是指什么？

发生了什么事情让你觉得现在的年轻人都太有自己的想法了？

我能理解你的难处，具体发生了什么事情呢？

上面这些提问，其实是在锻炼我们自己一种非常理性的思维方式：**回到事实层面去思考和对话。这样能大幅节约沟通时间。因为事实就是事实，是真实、客观存在且不容置辩的。**

回到前面的管理者，假如他能够意识到自己口中的"年轻人都太有自己的想法了"，其实仅仅是昨天开会的时候，新入职的一个员工提出了与领导不同的观点或自己主观的意见，那么这位管理者恰恰有机会给自己提出不一样的问题。

新员工的观点中，有价值的是什么呢？

他否定了我的观点，这是为什么呢？

这个否定中，值得关注和思考的是什么呢？

能够这样提问的管理者，是不容易被情绪和感受控制的，是习惯向内探寻的。

有的时候，我们听到别人话语中充斥的更多是"想法"，比如，"我们这种体制内的单位，不太适合特别有抱负的人"；"我作为部门的二把手，能做的有限"。

上面的陈述，展示了说话的人是怎么"想"的，是一种非常纯粹的想法或者观点，并非"事实"。如果对于自己的"想法"没有觉察，也就是说，我们认同了自己的"想法"，很多时候会带来极大的限制。比如，作为部门二把手，主观地认为因为"二把手"的角色让自己"能做的有限"，那么遇到挑战、困难、变革，这位"二把手"大概率会如何行动呢？

而带着"能做的有限"这种心态去行动，结果又会如何呢？

作为专业组织教练，我如果听到我的客户这样说，我很可能会提问：

> 发生了什么，让你认为作为二把手能做的有限？（提示对方，作为二把手，能做的有限是你的"认为"，未必是事实，请回到事实层面对话）
>
> 假如一把手听见你这么说，他会给你什么反馈？

二把手对于部门的核心贡献应该是什么呢？

假如没有任何东西可以限制你，你真的想为部门贡献的是什么呢？

听感受——Feeling

从与他人的对话中聆听感受和情绪也非常重要。我在讲课的时候，每次讲到3F结构化聆听的"听感受"部分，都会给大家讲这个故事。

多年前，我接受了一次脚底冷冻治疗。在还没有完全恢复的情况下，我就必须要出差了。那时，脚底上有几处尚未破裂的暗红色的大血泡，我穿着我爱人的鞋子去机场，赶路，上课……站了一天。到了晚上，血泡破了，疼得厉害，我便在QQ上给我爱人留言。

我："老公，我脚底的血泡都破了。"

他："正常，上次我去治疗也是。问题不大，过几天就好了。"

我："可是，我还需要上课，一直站着，很痛……"

他："嗯，坚持住，你能行！"

我当时简直无语！"正常""坚持"，难道我想听的是这些吗？

假如我爱人当时能够有同理心，或者至少关注到我的感受，他可以这样回应：

老婆，那你现在感觉怎么样？

辛苦了，肯定是有点疼的。你明天还要上课，真不容易，早点休息吧。

你可能很奇怪，听到感受又如何？有那么重要吗？

我的答案是：重要，非常重要。一个人的语气、语调、用词等，都会传递出他当下的感受或者情绪。而这些背后往往隐藏着这个人真正的渴望。

如果我们能够聆听到对方的感受，最直接的好处就是可以快速拉近距离，让对方感受到"你懂我"，从而促进更加深入的交流，极大提升沟通效率和质量。

很多人在沟通上通常是含蓄的，直接表达感受的时候不多。因此，当我在第二章写到我面对 Jack 说出"感到非常沮丧"时，对于一个"高管教练"是非常具有挑战性的。而当我说出这句话时，我摘下了"这顶帽子"，成为一个更真实的人。**只有更真实的人，才更有影响力。**

哪些问题可以自然而然地关注到别人的感受呢？比如：

你感觉怎么样？

发生了这些事情，你心情如何？

我能感觉到你的 ×× （愤怒、纠结），你觉得呢？

我能听听你现在最真实的感受吗？

听焦点——Focus

3F 结构化聆听的最后一个关键，是听到"焦点"，即对方的意图、渴望、期待，了解对方到底在乎什么，想要什么。

我记得，我的大儿子安安小时候有一次放学回家，拿着 75 分的数学卷子，哭丧着脸对我说："妈妈，我真是弱爆了！"

这个时候，孩子的 Focus（关注点）是什么呢？我要不要继续问：

你哪里弱爆了？

当然不要。孩子真正在乎的是"不弱"或者是优秀，"弱爆了"只是一个小孩子在考试没考好的时候一种情绪化的表达。作为妈妈，我们要听到孩子心中对"优秀"的渴望。

于是，我扶着孩子的肩膀，看着他的眼睛说："别灰心，咱们好好总结经验，妈妈相信你下次可以进步。"

如果你无法从对方的谈话中抓住焦点与核心期待，可以通过以下提问引导：

说了这么多，你最想要的是什么？

你提到了……，又说了……，那你最关心的是什么？

你的目标是什么？

我很好奇，你最想实现的是什么？

我能问问，有什么是你最渴望的吗？

提问的基础，是为了更好地聆听。3F 结构化聆听是一种智慧的"结构化聆听"，让我们能够从事实、感受、焦点层面去聆听对方，达到高度同频，从而更加有效地沟通。基于聆听，我们向他人、向自己提出截然不同的问题，而这些提问的背后，是我们思维方式和心智模式的持续进化。

家庭中：四步提问
将冲突转化为解决方案

在学习教练之前，我的人生中没有一门课程叫作"聆听"。

2014 年，我在教练课堂上学习了聆听技巧，从此开始了对自己的训练，在生活中有意识地练习 3F 结构化聆听。没错，很多教练只把对自己的训练放在"给别人做教练"的场景下，我很早的时候就悟到了：**生活和工作，才是我们最大的修炼场。**我之所以能够熟练地给别人做教练，不是因为我的"教练小时数"积累得够了，而是因为我成了一个更好的自己。

通过多年实践，我总结出了一个非常简单的基于日常聆听并给自己提问的步骤。

听到什么——感受到什么——提出问题——调整自己

用 3F 结构化聆听重构亲子对话维度

以下，是一个我基于聆听孩子，给自己提问并做出改变的故事。

安安三年级的时候，我认为应该培养他的自主管理能力了。于是，我要求他每周五都把书本带回家（不要好奇，他们学校提倡快乐教育，周末一般都不用把书本带回家），利用周末的时间复习一周所学的功课，把所有作业、卷子上的错题订正完，保证不留任何疑点和问题。

相信你从我之前的分享中也能看出来，安安从上小学开始：默写的时候把纸擦破，考试仅得 75 分……那个时候的我和许多的妈妈一样，面对一个"现实和期待有差距"的孩子，常常会感到无助。幸好有教练思维的支撑，尽管这种状态并不稳定。

在我看来，对孩子来说，管理好自己是很容易的，他理应做到。

刚开始的几周，每周日晚我都会问安安改错和复习的情况，他每次都会说："都做完了！"我就信以为真了。因为，那个时候我很执着于做个"教练型妈妈"，特别相信"孩子都是优秀的"，他们是"具备解决问题资源的"

（这些是重要的教练信念），因此我就不怎么管孩子。

况且，和许多身在职场的二孩妈妈一样，那个时候的我很忙。

直到某个周末，我决定要检查一下孩子这几周作业的实际完成情况。仔细一检查我才发现，安安竟然一直在敷衍我！他根本没有改错和复习！

我怒目而视："安安，你说，这到底怎么回事？"

儿子哭着说："妈妈，不是我不想管好自己，是我真的做不到啊！我就是管不好自己！"

那一刻，我愣住了。

四步提问将冲突转化为解决方案

紧接着，我在内心展开了自我提问、对话和思考相应的策略。

我听到了什么

从 3F 结构化聆听的角度，我听到了孩子的感受：着急、伤心、无助、无力。孩子的想法是："我管不好自己。"没错，我能区分出"事实"和"想法或信念"，在安安的话里其实没有事实，但是有他的想法："我做不到，我管不好自己。"

不过，当时我还没有意识到孩子为什么会有"我就是管不好自己"这样的想法。今天看来，他这个想法很大程度上源于一个事实：他没有达到妈妈的要求。而这种情况又进一步强化了他的想法和信念。作为家长，我们要支持孩子先去做到，这才是更有效的方法。

最重要的是，孩子的焦点或者意图是什么？"妈妈，不是我不想管好自己"，从这句话中，我听到的是"我也想管好自己"！

我感受到了什么

当我真正同理孩子的无助和痛苦时，对自己产生了一丝怀疑以及一点自责：孩子的现状，与我有关的是什么呢？

好在，我没有深深陷入怀疑和自责的情绪，而是在思考两个关键点：管理的有效性和孩子需要的支持。

这两个思考点，也是通过自我提问的方式呈现出来的。

我提出了哪些问题

我当前对孩子管理方式的有效性如何？

未成年人与成年人，在自主管理方面的差异是什么？

良钰，你投入了多少时间和精力去真正支持孩子实现自主管理？

我该做些什么才能帮助安安真正做到自主管理？

对这些问题的思考，带给我深刻的启发：成年人做到自主管理尚且不易，何况是个孩子呢？我对安安的管理进入了一种默认模式：我自己能做到自我管理，孩子就一定能做到。实际上，孩子需要更多的监督和支持，尤其是在面临诸多诱惑的当下。

显然，我只是给了孩子目标，却没有进行有效的过程管理和监督反馈。再深挖的话，还存在系统思考的不足，就像企业对员工的期待一样：给你发了工资，你就应该努力工作。事实上，即便发了工资，这样的"应该"也不会自然发生。组织还是要从招聘、架构、管理、激励、文化等多个方面进行系统设计，从而让所谓的"努力工作"和"持续努力"能够发生。

另外，对于孩子每周自主复习、改错这件事，值得我反思的是：他真的知道这么做的意义和价值吗？还是仅仅迫于"老虎妈妈"的压力？我在做一件事的"目标"和"意义"层面，真的与孩子达成了共识吗？

我如何调整自己

"问题问对了，答案就有了一半"，在我看来，这句话还是有些保守。很多时候，问题问对了，我们就能 100% 找到答案，甚至能得到超出预期的、令人惊喜的答案。

基于对如上问题的思考，我给自己制订了行动计划。

● 再次与安安认真谈话，让他真正理解从三年级开始每周自己复习、总结、改错的意义和价值：不仅是为了成绩，更是为了成为学习的主人。

● 用一个月时间管理我自己的焦点：每天询问安安的作业情况，周末及时检查复习和改错情况。

● 做好"大表姐"：我帮助安安制作了 Excel 表，让他每天按照表格完成任务。特别把"改考试错题"放进表格，避免错题堆积到周末。

● 及时鼓励：每当看见安安做到，立即给予表扬。

● 每个周末，让安安给我和爸爸"讲课"：用 1 小时的时间，我们来做学生，聆听他把这周学到的东西讲给我们。这件事情，我们一下子就坚持了两年，也是对安安的成长帮助最大的。

作为普通人，我们经常面临生活中的各种问题和挑战。但聆听并给自己提问，可以让我们得到真正的答案和自由。后来实践多了，我总结出在生活中通过"聆听别人"并给自己提问的底层信念。

信念 1：令我不满意的事情，结果一定与我有关。

信念 2：如果我觉得结果不好，那改变就从我自身开始，从给自己提出不一样的问题开始。

同时，有效提问的秘籍有两个角度。

反思复盘角度：结果不好与自己的关系？

目标成果角度：目标是否合理？未来如何改进自己可以达成目标？

这两个信念和两个角度，每个人都可以践行，进而成为自己的教练。

那么，你现在在思考什么呢？最近你在生活中正在经历些什么？你最近一次印象深刻的聆听是怎样的？如果基于这次聆听，你能给自己提出不一样的问题，你会问自己什么呢？

工作中：用 3F 结构化聆听突破沟通屏障

> ## 用 3F 结构化聆听突破职场沟通屏障

刻骨铭心的成长，总是伴随着不适感。

工作是我们的人生修炼场，通过聆听同事，我们可以内观自己，产生觉察，反思复盘，持续成长。

曌乾教练组织成立以后，我曾在工作中被质疑、被否定过很多次。如今回顾，当时有些场景我并没有完全靠自己的力量聆听到对方（因为我当时还在情绪中）并自我提问，至少第一时间没有做到；我做到的是，事后找一位教练同事进行梳理，或者恰好有同事主动关心我，在他们的帮助下，我给自己提出了不一样的问题。

在工作中，我们往往很难聆听到别人，更难以快速回到自身进行提问。原因很简单：我有我的目标，我有我的计划，我有我的节奏。如今，我们很多人都像上紧发条的玩偶一样，不停地旋转着，奔跑着。在各种压力下，我们很容易进入第一层次的聆听。

我清晰地记得，2019 年 11 月，初冬的北京已经寒意袭人。我走在去往 T 公司的路上，我们当时在陪跑 T 公司的战略落地，我马上要去参加他们的高管月度例会。还有一段路要走，我突然想起来另外一个项目——领军企业进化营（也是我担任负责人的重要项目）的宣传海报还没做出来，于是我想都没想就拨通了梅教练（化名，她当时负责这件事）的电话，我询问进展并督促她："今天一定要把海报做出来了！"

没想到，电话那头的梅教练非常愤怒地冲我喊："良钰，海报我记得。我要问你的是，你的眼里除了你自己，还有别人吗？"随即就挂掉了电话。

我简直是完全蒙了，我问自己："这是发生了什么？我难道做了什么自私自利的事情吗？还是我哪里得罪她了？我做的所有工作都是为了组织呀！"

当时的我，除了诧异，还有愤怒，但是马上要去客

> 户那里工作了，我只能先调整好自己的状态，放下情绪，
> 专注于当天的工作。

　　感谢我的另一位教练同事，在我还处于"愤怒"和"疑惑"状态的时候，主动给我打来电话关心我（当时我也不知道他为什么会给我打电话），让我能够安静下来。

四步提问将冲突转化为解决方案

　　静下来的我，又开始给自己提出问题。还是同样的四个方面。

我听到了什么

　　我听到梅教练的愤怒（Feeling），听到她对我的质问。我听到她"认为"我的眼里没有别人。我突然意识到：她希望我去关注别人（Focus）——当然，这个"别人"一定包括她自己，也许还有更多被我忽略的人。

我感受到什么

　　我感受到了自己的愤怒：我做了这么多付出不见回报的工作，非常艰难地带领着一群不曾合作过、不曾创业过的教练打

造产品，推广项目，为什么得到的是她这样的质问？

突然，一个觉察产生了：我想要的，和她想要的，真的一样吗？或者说，对方如此愤怒，是不是有哪些她在乎的东西恰恰被我忽略了呢？

我提出了哪些问题

有了上面的觉察，我又开始自我提问：

是什么让梅教练如此气愤？

我做了什么不该做的？

我没做什么该做的？

我要调整自己的是什么？

很遗憾，我当时没有就这些问题直接跟梅教练对话，如果时光倒流，我想我会及时与她沟通的。不过，我也能够理解，就像很多人一样，在工作压力很大、自己又不解又愤怒的情况下，还能立刻理性地主动提出"我们好好聊一聊"，这对人的要求确实不低。

幸好我接到了同事的电话，我们提到了这个事情，他的观察和反馈也为我提供了一面镜子。我发现，原来梅教练愤怒的原因是我的催促。而我好像一直忽略了，她原本是一个非常负责任的人，也曾经是企业高管，在这件小事上，我其实可以更加信任她。

显然，我那自以为无足轻重的"电话督促"，激怒了对方长久以来积压的情绪："良钰，你太关注事情了，眼睛里一直都是目标、效果、效率、成果，从不关注同事的感受和需求！而且，你自己不需要嘉许和认可，就默认大家都不需要。"

我如何调整自己

如果我不做这样的聆听，我就不会有对自己的觉察；如果没有对自己的觉察，我就不会觉得需要调整自己。

那我要调整自己的是什么呢？

我非常清晰地知道：调整与否，我都要回到组织目标上，而不是单纯地"让别人开心"。当然，有些人会选择让别人开心，这也无可厚非——这是底层信念的不同，没有对错之分。我习惯快速聚焦于事情，经常会不自觉地忽略人的感受。那今后，我需要做的就是刻意去留意周围的人、团队成员的感受和需求。同时，如果我一定要推动大家，那就带着充分的觉察与感恩，而不是毫无觉知地推动并心怀对他人的不满。

在从事教练工作的多年里，我真切地观察到：工作场景中的结构化聆听严重缺乏，更不用说基于聆听给自己提问了。尤其是会议中，大家往往都在阐述自己的需求，全然不在意同事的诉求究竟是什么。还有一些领导者坦诚地跟我说："我真的没有耐心听完下属说什么。关键是他们要说的我都清楚，无非是说困难，说达不成目标的原因，然后跟我要资源。我向来是不会听的，而是直接告诉他们自己想办法，想不出来就按照我说的做。"

这样的上级，往往工作非常高效，很多时候也是很成功的。可是，在什么情况下就不太有效了呢？直到他发现下属开始很少跟自己沟通而且目标也完不成的时候，此时往往为时已晚。不是导致优秀人才流失，就是团队的凝聚力和向心力受到严重影响。

我相信，未来真正有希望的组织，能够基业长青的组织，一定是视人为人、示人以真的组织，一定是具有进化性的、充满生命活力的组织。在这样的组织里，所有人拥有共同的使命，没有传统意义上的管理者和上下级，大家能够彼此深度聆听，深度对话，共同学习成长。因为只有这样，每个人的潜能才会被充分挖掘出来，每个人的价值才能最大化，成为自己的CEO。而这也是 21 世纪组织存在的重要意义。

我帮助过许多团队和组织，就像多年前的我一样，把"聆听"作为一门功课和技术来学习和训练。效果是惊人的：特别是很多技术型的管理者，一旦开始真正去聆听团队，去同理他人的感受和发现他人的诉求、渴望、期待，沟通的质量就会得到显著提升，团队的凝聚力也因此提高。

一位教育领域的企业销售负责人有意识地聆听客户后，跟我说："良钰教练，当我真的开始不自顾自地讲公司的方案和技术，而是去聆听校长们、老师们的话时，我才真的抓住了他们的需求。"

因为他经常问自己：

客户到底在乎的是什么？

怎样的解决方案能真正满足客户的需求？

我的团队需要提升什么样的能力，才能更好地支持到客户？

后来，他的整个销售团队学会了聆听和提问，他们得到了更多客户的认可，业绩也实现了更大的突破。

如果我们每个个体都能在提倡聆听和提问的组织里工作，被自己的上级、同事聆听，也去聆听他人和自己，那么我们就有可能真正成为自己的教练。我们会更加主动地塑造自己的职场体验甚至人生体验，也会更加容易实现自己的人生目标。

独处时：让内心的声音觉醒，活出自己

内心声音的觉醒

有一种聆听，对我们每个人都更具挑战性，却又意义非凡——那就是聆听自己内心深处的声音。基于这个声音，我们可以做出当下最好的选择。

关于聆听自己内心的声音，我有一段极为深刻的经历，是关于写书的。

我第一次萌生要写一本书的想法是在2017年3月，那时，我已学习并践行教练三年。我是教练的受益者，我无比笃信教练的价值，因此想把教练带给人们的价值写出来，去帮助更多的人。

这原本就是个简单而纯朴的初心，没有任何商业考量，更没有掺杂功利性的"我想要什么"的思考。

当时我正在参加一个属于知名国际化领导力体系的培训课程。当我向我的教练和同学们提出这个想法时，我得到了这样的反馈："良钰，你不是名人，出版图书太难了！""良钰，出版图书也卖不出去多少！"

呃……竟然是这样，我该怎么办呢？

那时的我，心智模式属于标准的规范主导型。这种心智模式意味着以外在的标准为中心，更关注专家、权威的意见，以及被普遍接受的外在价值观，唯一不敢坚持的就是自己的想法和内心的声音。

实际上，当时大家的反馈中，没有一个人是支持我去实现目标、探索初心，并找到可行策略的（我聚焦在传播教练智慧）。他们都在强调："做不成的。"而我也因此陷入困惑，搁置了写书的想法。

后来，有人建议我："良钰，你不如写公众号吧，公众号也可以很好地传播教练智慧……"说干就干，我是一个执行力很强的人，于是，在2017年12月，我的公众号"良钰教练进化场"上线了，第一篇文章就是《走上教练之路》。

那时候，完全不懂自媒体运作的我，仅仅凭着自己对教练的热爱和一颗传播知识之心，在短短几个月的时间里，就收获了好几百名粉丝。

没想到的是，我心中那个想写书的声音，不但没有减弱，反而变得更加强烈了！

2018 年 3 月，墾乾教练组织成立，当时我们一下子聚集了 18 个合伙人，但是具体干什么，怎么干，都还处于艰难的探索和尝试中，更别提团队磨合带来的大量挑战和消耗了。我原本还有长期教练项目在运作和交付中，而且我还忙于完成专业级教练的认证，突然间又增加了很多墾乾教练组织的工作，简直忙得不可开交。

我想写书！我该写吗？我能写吗？我配写吗？内心的渴望与世俗的否定声交织在我的脑海里。就连我墾乾教练组织的同事与合伙人也没有支持我。

当时，我甚至花钱请了两位教练分别帮我做梳理，分析我到底要不要写书。今天看来，当时的我是多么相信大脑的逻辑和外界的建议，唯独不愿意相信的就是自己的心。

然而，我的心里其实早有答案。

我很感谢我的大学同学晓飞，她是当时唯一支持我的人。由于遭受了太多的打击，我跟她说："不然我就自己印刷一些案例集算了，这样好歹能传播出去，让更多人看见！"她说："想干就干，如果你写都写了，印都印了，为什么不找专业出版机构去出版图书呢？"

当我再次向同事们表明想法时，他们说："既然你这么想出书，那就写吧。"后来，在同事的帮助下，《教练是怎样"炼"成的》得以出版。遗憾的是，由于当时缺乏经验和系统思考，这本书更像一个小册子，只印刷了 1000 册。

但是我毫不后悔，因为这本书让我得以成为自己。从 2019 年 1 月这本书出版，一直到 2024 年初，最后两本书售出，几年来，我持续收到很多学员、客户的反馈："良钰老师，看了你的书对我帮助很大""良钰，我把你的书放在床头""良钰，我也想成为你这样的教练"……

现在，我的手边只有最后一本了。每每翻开这本书，我都能感受到无比的幸福。

觉察内心声音的意义

我心底的声音，到底是什么？为什么当时如此艰难却还要做这件事？

如果我们能听到内心的声音，超越"事情"本身，我们的心到底在什么地方呢？

别着急，我还有几个问题想让你思考：

当内心有一个声音反复升起时，你能觉察到吗？

心里的声音，真正在传递的是什么呢？

是什么让我们经常忽略内在的声音呢？

如何才能经常听见自己内心的声音呢？

听到之后，我们怎么提问对自己帮助最大？

我可以基于我的出版图书经历，来探讨上述问题的答案，从而帮助每位读者在未来更加及时和敏锐地觉察到自己内心的声音，聆听自己的感受，发现自己真正的心之所向（Focus），并做出明智的决策。

第一个问题：**当内心有一个声音反复升起时，你能觉察到吗？**

2017 年和 2018 年，在写书这件事上，我能觉察到自己内心反复升起的声音。我想，只要稍微留意，很多人也能觉察到自己内心反复升起的声音。比如，我不喜欢这个工作，我希望团队更有战斗力，我应该更加独立了，老爸说的不一定都对……

尤其是当一个声音反复升起时，我们确实可以听得到。

第二个问题：**心底的声音，真正在传递的是什么呢？**

回到我写书的例子。"我想写一本书"，这个声音仅仅在告诉我要写书吗？其实不是的，内心的召唤往往和我们的使命、身份、价值观有紧密的联系，关乎我是谁，我要去哪儿，什么才是最重要的。

《教练是怎样"炼"成的》让我成为自己——一个终生传播教练智慧的人；让我有机会去践行自己的使命——推动人类意识进化；让我能够活出自己的价值观——卓越、真诚、负责任。

我承认，有时候，看似无私的奉献和利他的初心，仍然会有"我"的存在，比如我的初心、我的梦想……这没有什么不好，我们也需要先建立自我，未来才有可能超越自我。

因此，此刻，我邀请你闭上眼睛，就在这个当下聆听一下自己内心的声音。假如真的有一个声音反复在你的耳边响起，它到底在告诉你什么呢？你渴望自己成为谁？你真正想去拥有的和成就的到底是什么呢？

第三个问题：**是什么让我们经常忽略内在的声音呢？**

值得注意的是，我们内心的声音常常被自己无情地忽略。就像 2017 年的我，总认为别人说得对，用理性的分析、世俗的标准、强大的逻辑掩盖了自己想写书的初心。背后的原因是什么呢？往往是我们的恐惧和贪婪，是人性中经不起考验的部分（贪嗔痴慢疑）在作祟。

不是名人、出书没人看……这些看起来非常站得住的理由，成了我不写书的借口。但如果我真的回归传播教练智慧的初心，这些困难真的存在吗？如果目标确定了，我完全可以去寻找资源，组建团队，优化策略，获得支持……现在我知道，这个世界是非常神奇的：它会为一个信仰和信念坚定的人"让路"，并且助力其实现目标。

所有的坚信都会吸引资源和助力，从而成为现实。前提是，你真的足够坚信，并且愿意去实现这个目标。

假如我们能够快速觉察到"小我"的恐惧，能够快速看见自己的"心"与"脑"的对话甚至冲突，我们就有可能跳脱出来，去体验"心"的渴望与诉求，在更高的层面去整合"心"

与"脑"的不同诉求，与自己对话，问出对的问题，找到更好
的解决方案。

如何听到内心的声音

最后两个问题：

如何才能经常听到自己内心的声音呢？

听到之后，我们怎么提问对自己帮助最大？

要想听见自己内心的声音，最好的办法就是静下来。每一
天，给自己一点点安静的时间和空间，不受打扰地静下来，不
去思考任何问题，而是全然地放松。当我们放松下来，能够更
加敏锐地听到自己内心的声音。

当然，放松不一定意味着你必须冥想、打坐，可以去树林
里散散步，或者洗个热水澡，任何能让你全然放松的行为，都
能帮助你听见自己的内心。

最重要的是，当我们听见了自己内心的声音，要及时向自
己提问：

我听见了什么？

我的心让我去做什么？不做什么？

如果我遵从了内心的声音，我能得到什么？

我还能为他人带来什么？

那时候，我会成为谁？

如果有一个画面呈现出来，那是我听从内心召唤后的景象，画面里有什么呢？

不需要更多问题了，上述这些就能让我们与内心的声音多做停留，尤其是最后的"画面"，那是你心中的愿景和蓝图，往往会和最深的生命意图相关联。

如果你一开始觉得这样的自我提问和对话比较困难，容易"走神"，难以持续，我建议你给自己找一个倾听者或教练。对方只需要基于你内心的声音，问出上述问题，把你内心的画面显化出来，甚至邀请你画出来就可以了。

我建议你和这幅画多待一会儿。不必急于思考该不该、配不配、要不要马上实现。放心，你强大的大脑会在后面给出理性的分析和判断（如果暂时不能，你还是需要教练的支持）；你只需要用心去感受内心向你传递的信号，那或许是来自远古的智慧，或许是你毕生一定要实现的目标……

聆听是提问的基础。我们可以学会聆听他人和自己，并基于结构化聆听提出深刻的问题。无论如何，我们都在"内观自己"。通过别人，我们可以清晰地照见自己，超越自己，成为更好的自己。

5

第五章

对话：
激发智慧的自我提问

和别人的对话，
是内观自己的好机会

对话的力量

2021 年至 2022 年，我作为组织教练项目的总教练，和团队一起，参加了 S 公司的项目结项大会。S 公司是医美行业细分领域的一家头部公司，当时发展势头迅猛，但公司从高管到中层都面临着亟须加速成长，以跟上组织发展步伐的挑战。为此，三个事业部的总经理及几十名管理者和高潜人才都学习了教练思想，并在工作中广泛运用。

在会议中，公司的首席执行官 Peter 高度认可了项目的成果。最后，他说了这样一句话："我们接下来要让'此刻，我选择对话'成为公司文化的一部分。"

为什么一家公司的首席执行官会如此重视"对话"?

为什么 Peter 会特意强调"此刻,我选择对话"?

"此刻"和"我选择",分别意味着什么?

经过近一年的陪跑,S 公司的几十位同事最大的改变是:内观自己,外改行为。以前,他们很多人都习惯了向外求,同事之间往往只有"我说你听",缺乏真正的对话;在日常沟通和会议中,大家习惯性地解释"为什么我做不到",而不是给自己提出正确的问题,比如"我如何才能做到?""我做到之后,对团队和组织有哪些意义?"

我还记得一位区域销售负责人,在项目开始时,上级要求他负责的区域业绩增长 30%。他的第一反应就是"我做不到",理由是"这个增长目标在我原来的公司从来没有人做到过,更何况现在是疫情期间呢?"

如果不经过训练、不带有觉察,上述对话场景在职场甚至在人生中都将是常态。几乎所有的对话,人们都会自然而然地把焦点放在"我"上,诸如"我认为""我相信""我想要""我能够""我不能"……

后来,我作为教练,支持他们两位进行了"艰难而深刻的对话"。在对话中,销售负责人承认自己在与事业部总经理沟通时"防御机制"被触发,我们都留意到,那一刻,当他意识到这一点后,他真正松弛了下来,而之后的对话,开始变得不同……

在项目结束时，这位销售负责人超额完成了业绩增长目标。

再回到 Peter 强调的"此刻，我选择对话"。在我看来，能做到这一点的职场人，乃至任何人，都是充满智慧的。"此刻"意味着，无论此前发生了什么，现在我们停下来了，我们是活在当下的；"我选择"则代表着清醒和理性，无论刚才的沟通、争辩或争吵多么低效、无效甚至令人感到不适，我都能重新做出选择。

当我们选择"对话"，从心智成长的角度而言，我们不再"以我为尊"，甚至不再"规范主导"，而是开始真正的"自主导向"。通过对话，我们能够给自己和对方提出完全不同的问题，从而提升沟通的效率和质量，实现真正的共赢。

对话中的自我觉察

"以我为尊"的核心特点是：以自我为中心，只关注自身得失。其思维相对来说比较简单，非黑即白，容易冲动。

当"以我为尊"的人开始愿意去关注他人的视角并换位思考时，心智模式便开始发展出包含社会规范的部分。"规范主导"的核心特点是：全盘接受他人的观点，被他人的视角主导，通过外部（如别人、世俗……）的观点和理论来看世界。

通过"自主导向"的心智模式看世界的人，有自己的一套思考逻辑。他们会聆听自己内心的声音，而不是人云亦云；能根据自己内在的价值观做出决定，并为自己的选择负责。"自主导向"的核心特点是，能够接纳多元化视角，同时保有自己的视角。

心智继续成长的话，还会进入"内观自变"的层次。"内观自变"的核心特点是：能够看到和理解多元化视角，同时借助这些不同的视角不断革新自己的价值观。在某种程度上，能预测事物的走向和趋势。

每一次与别人的对话，都是我们内观自己的好机会。对话中，我们能够聆听对方，聆听自己，还能聆听到两个人的"灵魂共舞"。如果我们能在每一次与他人的对话中，首先做到"内观自己"和"调整自己"，而不仅仅是期待对方做出改变，我们就是在实现自我心智的跃迁和领导力的提升。

接下来，我将继续通过亲身经历，向大家展示如何在对话中深刻地觉察自己，并促使所有的改变经由自己发生。

家庭场景中的
内观时刻

对话中的自我提问，关键在于"扎下去，死磕自己"。我们要学习的，就是"在哪扎下去"。此时，原本的"黄金锤"就变成了"金锥子"。

我们还是从家庭的对话场景开始吧，毕竟在家中，人们往往更真实、更无所顾忌，无须戴上各种"面具"。坦白说，在撰写这本书的过程中，我曾经一阵阵地恍惚：我到底在写一本什么样的书呢？

时而是生活中的点滴场景，家人全员"出镜"；时而又跳到工作、创业中的各种经历，再次品尝那些酸甜苦辣；时而有我和团队为客户创造价值时的高光时刻；时而又有自我反思、复盘时的"虐心"历程……

　　我想，无论场景如何，始终不变的是我的初心和真诚：我以自己的真实经历为载体，以自己的蜕变成长为路径，向所有读者展现——**每一个职场人，无论你是职场小白还是人到中年，都可以通过持续的自我觉察与自我提问，成为自己的人生教练，创造全然不同的人生体验。**

场景 1：和老妈沟通——为什么我总能把天聊死

　　先看我和老妈的日常对话。

> 　　老妈："钰啊，这个东西不能多吃，我看《养生堂》里说了，多吃不健康！"
>
> 　　良钰："妈，电视节目里说的也不一定都对，不能都信哪！"
>
> 　　老妈："我觉得挺有道理的。对了，还有，你以后做西蓝花啊，一定要先用小苏打泡一下，最好泡 30 分钟，不然不能吃呢！"
>
> 　　良钰："我哪儿有那工夫哇？妈，咱们差不多吃饱就行了，反正肉、菜都有，营养肯定够，我可做不到那么讲究。"

> 老妈:"唉，你们忙啊……我反正听到的就告诉你，做不做随便你吧……妈都是为你们好。"
>
> 良钰:"哎呀，您就是总爱担心这个，担心那个的。我也活了大半辈子，这不挺好的嘛。"
>
> 老妈:"唉，我就是没记性，行，以后我再也不说了！"
>
> 良钰（心里悄悄说）:"正好，您别再说了，我得赶紧忙工作去了。"

曾经，每当老妈来我家小住几日的时候，这样的对话就会反复上演，内容也大同小异。

内观时刻

直到有一天，我觉察到这样的对话有些不对劲。没错，是"能量"不对劲——我总是把天聊"死"，我的能量有些低。于是，我开始自我提问：

把天聊"死"的时候，我都做了什么？

我行为背后的信念／价值观是什么？

我的思维模式和行为模式是什么？

如果换位思考，老妈感受到了什么？

老妈在乎的是什么？

未来我可以做出哪些调整和改变？

这些调整和改变可能带来什么？

自我教练

做了什么：我在对话中不断否定老妈的建议和主张。

行为背后：我认为老妈的建议没有价值，自己也做不到。而且，我很忙，没时间关注她在乎的事情。对于我认为不值得或做不到的事，我选择不听、不做。

我的模式：习惯性直接否定老妈，直接表达自己的想法。

老妈的感受：伤心，生气。觉得自己不被信任，自己的付出没有价值。

老妈在乎的：家人的健康，希望给出建议，从而体现自己的价值和贡献。

我的觉察：身为 MCC（大师级教练），我在与最亲近的人相处时，竟然没有展现出同理心，没有做到换位思考，还失去了觉察，让自己"老虎"的一面暴露无遗。

我的决定：今后要认真聆听老妈的话，感谢她的建议，即便我做不到，也要好好沟通，关注她的内心感受。

有何意义：首先，老妈的感受会大为不同，她能感受到更多尊重，觉得自己对家庭有价值、有贡献。更重要的是，通过与老妈的沟通，我能不断修炼自己，磨去急躁与傲慢，时刻觉察自己"我很忙，我没空，差不多得了"的内在信念，持续提升同理心和换位思考能力。这看似是我在照顾老妈的感受，实则是老妈在帮助我成长，成就更好的自己。

在哪里"扎下去"

这一段的对话场景中，我在哪里"扎下去"，并进行了自我提问呢？关键方向如下。

探究信念：行为背后的想法、动机、价值观、信念是什么？

比如，我很忙，而且那些养生知识对我没有价值，一旦我认定没有价值的事情，不管是谁说的，我都会选择不听、不做。面对这样真实的自己，即使连自己都可能会讨厌，也要勇敢地选择面对和接纳。

换位思考：对方在乎什么，关注什么，渴望什么？

一旦觉察产生，我就能快速切换到母亲的角度去思考。我也见过很多无法做到换位思考的人，他们虽然在头脑里告诉自己"我要关注对方"，但内心里依然在想"我想要什么"。别着急，这种情况下，如果你真的在乎对方，你就直接去问问他的感受和焦点（Feeling，Focus），你会有答案的。

真正接纳：接纳对方的意图、价值观和需求，不评判、不分别。

尽管有些行为我们觉得不对、不好，甚至冒犯了自己，但任何人的需求和价值观本身都没有对错之分。比如，老妈认为全家人的健康重要，这哪里不对？我不认可的只是她让我用小苏打泡西蓝花的行为，因为我觉得这样做多余。

很多时候，人与人之间的矛盾源自他们不能从更高的维度认识到矛盾和冲突的本质，以及彼此之间可能存在的一致性。因此，做到"真正接纳"，需要我们能洞察到对方行为背后的意图、价值观和需求，做到不评判、不分别。

智慧解决：如何共赢？照顾对方，也安顿好自己？

其实，当我们能够在以上三点"扎下去"时，找到智慧解决的办法就变得相对容易了。这里，我们只需要掌握一个基本原则：共赢。生活中，我们很容易陷入要么"持续抵抗"，要么"自我牺牲"的误区，尤其是在面对自己的亲人时。

但是，我并不建议这两种选择，正如开篇 S 公司的首席执行官 Peter 所说，"此刻，我选择对话"，而对话的目的就是实现共赢。家庭中，我们与爱人、孩子、父母、兄弟姐妹相处时，都可以追求共赢，而不是"顾此失彼"甚至"自我牺牲"。共赢是一种更高级的假设和人生智慧。我和老妈的共赢在于：我关注到她的需求和好意，耐心沟通，适度调整我能改变的部分，但不会勉强自己去做我确实无法做到的事情。

场景 2：爸爸管儿子的"挫败对话"

> 爸爸："这次数学怎么又没考好？"

安安："我最后两道题都不会……"

爸爸："这不就是上个周末我刚刚给你讲过的题型吗？我还特意讲了两遍，你怎么还是不会？"

安安："周日晚上你讲的时候，我都有点困了，脑子都不转了。而且你一定要用自己的方法教我，跟我们老师讲的不一样！我学不会你还说我'脑子里面都是糨糊'！"

爸爸："你是说我给你讲题我还错了吗？我每个周日都教你到那么晚，我周一还要上班哪！你赶紧拿出错题本，自己把错题改对了，改不对不许吃饭！"

安安："我觉得我永远也学不好数学了……"

爸爸："真是奇怪了，每个周末我们都辅导数学，你怎么就是学不好呢？难道你脑袋里面真的进了糨糊吗？"

　　在进入我爱人的"内观时刻"之前，我要先感谢我的大儿子安安。自从 2014 年我学习教练开始，7 岁的他就像一面镜子，照出了我的不足。后来，他又成为爸爸的镜子，甚至是"我们家"的镜子。过去的十多年里，他与数学的"斗争"让爸爸头疼不已。到了青春期，他也让我不得不"少说话，多做饭"。然而，正是因为孩子的存在，因为我和安安无数次的对话和解决问题，我才成了一个合格的教练，而孩子爸爸也开启了自我成长与进化之路。

坦白说，下面要呈现的我爱人的"内观时刻"，并非他当时自然而然进行的自我提问，而是我发现每周日辅导数学的环节，已经成了父子俩的噩梦，彼此都备受折磨。作为教练，我决定介入。于是，我先向孩子爸爸提出问题：

"老公，你有没有发现，你们俩类似的对话场景总是重复出现？这是不是已经形成了一种恶性循环？你越辅导安安，他的数学成绩越不好？而且我发现，这个循环中也有你自己的一些固有模式在起作用，只是你可能没有觉察到。"

我建议孩子爸爸问自己这些问题：

内观时刻

同样的情况反复出现，在告诉我什么？

我的目标是什么？怎么衡量？

现在目标达成得怎么样？

有效的是什么？无效的是什么？

从中我对自己的发现是什么？

我们共同的目标是什么？

孩子的感受和话语在提醒我什么？

为了达成目标，我要调整什么？

自我教练

现状： 现在的做法不是很有效。

我的目标： 帮孩子学好数学。

怎么衡量： 他的成绩可以慢慢变好，学习数学的态度变好。

有效的： 每周关注考试情况，辅导孩子。

无效的： 每周日晚上辅导到很晚，用大人习惯的方式讲题，使劲儿批评他。

对自己的发现： 我坚持用自己的方法让孩子理解数学，可能不适合他，让孩子有很强的挫败感，甚至已经对数学失去了学习的信心；我很急躁，执着于用自己的方式方法，却没有理解孩子；为什么我总说周日晚上辅导？是因为白天我在忙自己的事情，或者全家出去玩儿，我的时间管理也有问题……

我们共同的目标： 安安未来可以自己学好数学。

我要调整： 用适合孩子的方式，更有耐心地辅导安安，调整到适合孩子学习的时间。

在哪里"扎下去"

我敢断言，在我们的日常生活中，类似前文中我家的场景比比皆是。甚至，父母辅导孩子"无效"，以及"两败俱伤"的情况，在如此"卷"的现代家庭教育模式中，更是常态。

如果想要改变这种现状，要改变的一定是父母。以上文中的场景为例，爸爸要在哪里扎下去呢？他要问自己哪些问题呢？

有效、无效的是什么？

我对自己的发现是什么？

我们共同的目标是什么？

不要小看这三个问题，它们呈现的是完全不一样的思维方式和心智模式。

首先关注"有效和无效"。这让我们脱离出传统的、经常是毫无觉知的"对与错"的思维方式。以前，我爱人非常爱问这个问题：

我给你辅导功课，我给你讲题，难道我还错了吗？

孩子又不敢说爸爸错了，可是，那就代表孩子错了吗？

"谁对谁错"的思维方式在我看来是二元对立的，往往是心智模式偏向"以我为尊"的个体经常有的思维方式，并且这种思维方式很容易让我们在讨论中陷入对立，从而偏离真正有意义的目标。

取而代之的是"有效和无效"。**有效的就坚持，无效就换一招！**

在家庭中也一样！我爱人通过问自己"有效和无效"的问题，而不是再去纠结"对与错"，最终做到了以终为始，回到目标上思考和调整自己。

接下来的问题：我对自己的发现是什么？这个问题主要是"内观自己"，观什么呢？就像我们第二章在讲觉察的时候分享的，观自己的行为、情绪、思想，包括价值观和信念、需求。

这部分属于真正的反思，还记得"痛苦＋反思＝进步"吗？这个公式在桥水基金（Bridgewater Associates, LP）的创始人瑞·达利欧（Ray Dalio）的《原则》（*Principles*）一书中有提到。他认为，这种反思自身的习惯能够"引导自己的进化"。因为，"我们能进行有意识的、以记忆为基础的学习，所以我们能比任何物种都更快、更深入地进化——不仅一代代地进化，而且在自己的一生中进化。"

在这部分，我爱人对自己的行为模式、需求都有了探索，甚至发现自己的时间管理也需要调整。

最后，要思考这个问题：**我们共同的目标是什么？**

很多家人间的沟通，尤其是父母想帮助孩子，夫妻想帮助彼此时，往往没有建立在共同的目标和愿景的基础上，而是局限在自己的需求里。假如我们能够训练自己快速跳出"我要什么"，看到共同的诉求和价值点，就更加容易找到创造性的解决方案。

有时候，我们甚至要放下共同的目标和愿景，完全站在对方的立场上。比如父母面对孩子时，要深刻理解孩子有自己的理想和目标，无论是否需要我们的帮助，我们都要接纳。让孩子自己去探索，经历失败和挫折，因为他们有自己的路要走。

如此，我们作为父母，才会呈现出完全不一样的人生境界。

顺便说一句，自从学会了"自我教练"，我爱人对安安的数学辅导效率便发生了质的飞跃。最重要的是，孩子找回了信心，且慢慢地不再需要爸爸的辅导了。还有什么比孩子自己有信心，并且能管理好自己更重要的呢？

场景 3：夫妻间的对话——你为什么不能改变自己

我爱人一直对我和孩子强调"不要在车里吃东西"，而我却不能理解他的这个要求，觉得这只是一件小事，甚至有些厌烦他的这种"执着"。我曾一度认为他过于关注细节，而我自己的性格比较随性，对于他所关心的一些细节，实在是难以接受。

有一天，他看到我和孩子们又在车里吃东西，忍不住发出抱怨，随即我们在车里发生了争执。

> 他："你们又在车里吃东西，说了多少次了不要在车里吃东西，怎么就记不住呢？你这个妈妈也不管管，不管就算了，你自己也吃！"
>
> 我："多大点儿事呀，你怎么就这么执着？吃完打扫一下就行了，再说也没产生什么垃圾！"

> 他："事情是不大，可你就不能尊重一下我的感受吗？车里吃东西还有味道，真的很烦！"
>
> 我："那你为什么不能尊重一下我们的感受呢？我们确实很饿，吃点东西又不是什么大事。而且你每次说我们的时候，都失去了觉察，总想着自己，真是的！为什么不能接纳一下别人呢？"
>
> 他："唉，太累了，就这么点事情，让我反反复复说。那你们就吃吧，你们吃，我收拾，唉……"

内观时刻

就在这次对话结束后，我突然产生了一些觉察，随即开始进行自我反思：

当我说别人（爱人）失去觉察的时候，我对自己有什么觉察？

当我指责对方不够尊重、不够接纳我们的时候，我的尊重和接纳又在哪？

我对家人造成了消耗（爱人说他"太累了"），我要调整自己的是什么？

假如，我们可以停止类似的对话模式，同时共创一种共赢的解决方案，会是什么呢？

自我教练

觉察自己： 我意识到自己的系统观严重缺失，只盯着爱人的问题，却忽视了整个家庭系统。我指责他失去觉察、只考虑自己、不够接纳，可反观自己，在压力状态下，我同样陷入了对立模式，对他也缺乏真正的尊重和接纳。

造成影响： 我带着孩子们在车里吃东西，爱人反复提醒，我们却一直没有改进，这无疑对他造成了精力和情绪上的消耗。

调整自己： 我开始向内求，更多地进行换位思考和系统思考。毕竟，每个家庭成员都是家庭系统中的重要组成部分，任何一个人的感受和状态都会影响整个家庭的能量状态，而家庭的能量状态又会反作用于每个家庭成员。家庭就如同一个生命体，需要所有人共同进化，才能更好地成长。因此，我不仅要照顾好自己和孩子，也要充分顾及爱人的感受。

创造共赢： 我们应该本着系统共赢的原则，共创一个能兼顾所有人需求的解决方案，停止彼此的指责与消耗。

达成共识： 只要不是非常饥饿，就不在车里吃东西；如果要吃，比如长途旅行时，就准备一个塑料袋，尽量不让食物掉渣，每个人自行处理好产生的垃圾，保持车内清洁。

在哪里"扎下去"

在上述场景中，我们该在哪里"扎下去"呢？我选择这两个角度。

当我指责或评判对方（不接纳、不尊重）时，我是谁？

假如要在更大的系统中创造共赢，我要调整自己的是什么？

我想你一定能识别出，第一个问题属于深度的"内观自己"。不得不说，这真的颇具挑战。即便作为一名注重自我觉察的教练，面对相识 30 年、共同生活了 20 年的另一半，我很多时候的第一反应仍是习惯性地强势，觉得自己有理，试图改变对方……

好在，我能觉察到类似场景的反复出现，因而可以更快地开启自我提问和调整。

而第二个问题，关于在更大的系统中创造共赢，不得不承认，这是很多人尚不具备的思维方式。坦白讲，在成为真正的组织教练之前，我也是不具备的。我的"系统观"是在持续的组织教练实践、学习，以及和合伙人经营公司的过程中，逐步培养起来的。

彼得·圣吉（Peter Senge）在《第五项修炼》（*The Fifth Discipline*）中重点强调"系统思考"的重要性，刘润在《底层逻辑》中也专门讲过"系统思维"。我们在此不深入展开这个概念，感兴趣的伙伴可以自行研究。从自我心智成长的角度看，"系统思考"意味着一个成年人的心智迈向"内观自变"，拥有更大的格局和系统观。内观自变的人能够理解多元视角，借此不断更新自身价值体系。他们更加包容开放、视野广阔，能洞察事物间的关联并预见发展趋势。

当个体心智迈向"内观自变"并稳定在此状态，这意味着意识的进化进入新的阶段，甚至有可能让人成为行业的引领者。

看到这里，你有何感受呢？生活中的所有对话，尤其是那些令人不适、不欢而散的对话，恰恰是家庭成员给予我们的最佳"镜子"，让我们保持觉察，不断反思和调整自己。如此，我们不仅可以成为更好的自己，还能成为幸福家庭的塑造者。

工作场景中的
内观时刻

在工作中，如果想通过对话觉察自己并给自己提问，聆听一定是基础。但我发现，在工作中，很多时候基于对话给自己提问，实在是太难了，因为我们根本没有时间聆听。

职场人常常被各种目标、指标压得喘不过气。上级下达指令时主要靠"说"；跨部门协作时，大家阐述配合需求也主要靠"说"；普通打工人遇到困难进行求助、争取资源时，还是靠"说"。那么，我们究竟何时才能真正聆听？又何时才能实现真正的对话呢？

场景 1：下属的委屈和愤怒，告诉我什么

故事发生在 2013 年，我在咨询公司担任副总经理期间。

> 李静："良钰，这个建议书你看看吧。"
>
> 良钰："好。我看看哈……嗯，好像不太对。"
>
> 李静："是按照你的要求写的。"
>
> 良钰："不对，不对，你好像没理解。这部分怎么这样啊，我记得我们说过了呀，我以为你懂了呢！"
>
> 李静："我就是按照你的要求写的！"
>
> 良钰："但真的就是不对呀！唉，太浪费时间了！"
>
> 李静突然情绪失控，哭着跑进会议室。我立马跟进去："你怎么了？"
>
> 李静："我一直觉得自己是个很阳光的人，可跟你一起工作，我觉得特别压抑！"
>
> 良钰："啊？我也是一个很阳光的人啊……难道，我是一个'坏领导'吗？"

这是办公室里真实的一幕，也是我作为公司管理者深度缺乏觉察的一次"对话"。当时我的焦点全在"咱们讨论过的建议书，你怎么还写成这个样子？这不是耽误时间吗？"却完全忽略了李静当时的感受。

内观时刻

　　假如我是墙角的摄像机，拍摄了对话的全过程，从这段对话中，我看到了一个怎样的自己？

　　我在乎的是什么？我害怕的是什么？

　　我擅长什么？我不擅长什么？

　　我自然而然地关注什么？

　　我自然而然地忽略什么？

　　假如时间可以倒流，回到那个场景中去，我要调整的是什么？

自我教练

　　摄像机：我看到自己责怪下属，沟通的过程中眼睛一直盯着电脑，没看对方一眼，更没有顾及对方的感受。

　　我在乎成果和效率，我害怕浪费时间，害怕做事情效果不佳。

　　我擅长快速给出思路告诉同事怎么做，不擅长同理他人。

　　我自然而然地关注事情和效率。

　　我自然而然地忽略感受和关系。

　　假如时间可以倒流，回到那个场景中，我会选择让下属先回到工位，我独自安静地看完 PPT，然后我们再进入会议室讨论。如果我认为有些内容跟原来讨论的不一样，就问问对方是如何理解的，我们再展开讨论。如果她理解不了，我会自己改好 PPT，先保证在客户界面的高品质交付，再思考如何提升下属的技能。

在哪里"扎下去"

在摄像机的位置，我看到什么？

假如时间可以倒流，我再次回到那个场景中，会有什么不一样的做法？

这次迟来的内观和自我教练，让我深刻反思当年的自己。直到多年后成为教练，我才终于理解了为什么很多同事当时都会在我的背后说："良钰这个人其实不坏，她就是……"

相信此时你从这本书的所有故事中，差不多能拼出一幅图：良钰教练是个什么样的人？

其实，我是一个"橙色"天性的人（图 5-1）。

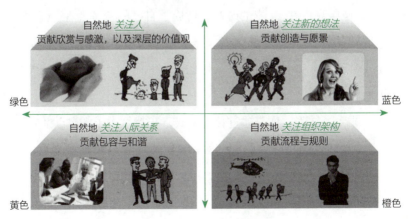

图 5-1　4D 天性特征

"天性"这个概念来自 NASA（美国国家航空航天局）原天体物理部门主任、曾经的 NASA 第三号人物——查理·佩勒林（Charles Pellerin）博士。他在其著作《4D 卓越团队》（*How NASA Builds Teams*）中，向我们展示了不同"天性"特征的人之间的差异，以及他们对组织的不同贡献。

我在 2015 年上完查理的课程后才知道，自己作为一个偏"橙色"天性的人，会自然而然地关注"事"，忽略"人"，特别在乎效率和成果，特别害怕没有成果和浪费时间。而"橙色"的人需要拉伸自己在"绿色"区域的心智和行为：表达更多的感激和欣赏，时刻关注共同利益。

我们持续地训练自己站在"摄像机"的位置观察全局，就能一次又一次清晰地看见自己。卡尔·荣格曾经说过这样一句话："你未觉察到的潜意识决定着你的人生，你却将其称为命运。"德鲁克也在 14 岁的时候，就成了自己的"旁观者"（《卓有成效的领导者：德鲁克 52 周教练指南》）。4D 课程的学习，让我时刻留意自己"橙色"天性的流露和影响，以便有机会更快地做出调整。

那么，你呢？你是通过什么方式真正持续去了解自己的？

"假如时间可以倒流"，这个问题是基于自我觉察之后的"自我调整"，也是让我们本自具足的智慧来指引我们的过程。坦白说，在从事管理咨询之前，我掌握了大量专业管理知识，我"知道"怎么激励人、管理团队才是"对"的；但如果没有教练的学习和训练，我大部分时间依然会停留在自己的模式和习惯中，就像和同事李静之间发生的场景一样，没有真正开启"知行合一"。是教练，让我真正实现了知行合一。

场景 2：同事之间不能达成共识，跟"我"的关系是什么

有一次，我们公司开会，我聆听到两位合伙人之间的对话。当时，合伙人乙认为可以通过公司的某一个公众号（我们有两个公众号）来宣传某产品，但是合伙人甲坚决不同意。

甲："乙，咱们不能采用这种激进的市场推广方式。"

乙："怎么不能？我觉得这种方式虽然有风险，但影响不大。"

甲："这个真不行，如果采用这种方式，会给公司的形象带来很大的负面影响！"

乙："那就不进行大规模宣传了吗？但咱们目前也没有更好的选择啊！"

甲："反正如果采用全面铺开的方式，我觉得不妥。你有想过这对咱们的学员和企业客户会产生什么样的具体影响吗？"

> 乙："总比什么都不做要强吧！我还是觉得应该尝试一下。"
>
> 甲："等等，我好像有个觉察……"

我必须要说，我的同事们还是很优秀的。这个时候，甲突然停止对话，开始自我觉察。

内观时刻

我一直在说什么是不对的？那对的是什么呢？

我们的对话是在目标上，还是在干法上？

如果目标没有对齐，我们却在干法上争来争去，意义是什么呢？

我们要如何针对一个更大格局的目标达成共识呢？

我忍不住拍着大腿为她叫好！要是所有公司的核心团队成员或高管团队在开会和讨论问题时，都能具备这种快速自我觉察和提出问题的能力，那他们的会议效率、沟通质量、决策质量将大幅提升，很多项目的试错成本也会降低。

那天的会议上，同事甲问出这几个问题后，并没有开始自我教练，而是我们几个合伙人围绕"更大格局的目标是什么"展开了讨论。很快，我们找到了超越原来"做不做，怎么做"的关键点，也迅速就操作方案达成了共识。

那么，假如在上述类似的场景中，作为"甲"的角色进行自我教练，问题会是什么呢？在自我对话中，又会有哪些不一样的发现呢？

自我教练

甲在"内观时刻"问出了好几个关于"我们"的问题，这对于团队快速跳出现象、触及本质，并基于高维目标达成共识，是有价值的。那么，基于甲的角色，是一家公司的核心团队成员（战略决策层），每当跟其他合伙人（高管）意见不一致时，甚至在每次发言之前，自我教练的空间在这里：

我要发言了，我的核心观点是什么？用什么支撑我的观点？

我听到对方的意见了，但我不认可，我担心（害怕）的是什么？

我担心害怕的背后，反映出我自己的什么模式和习惯？

对方的观点里面，有价值的是什么？（嗯，这里我的心智模式在"内观自变"，我相信，没有绝对的黑与白、对与错，不存在二元对立，有无相生，难易相成）

我真的聆听到了对方传递的价值点吗？有什么因素可能正在影响我的聆听？

我真的聆听到自己内心的声音了吗？我所传递的观点，对公司整体目标最有价值的是什么呢？

作为"甲"的角色，这种自我教练，关键取决于"自我觉察"的能力（详见第二章）。需要通过跳出来观察"这个不顺畅的沟通和共识"，快速发现"我"的行为、情绪、思想，以及"我"的聆听、"我"的模式对沟通效率和质量造成的影响，并做到快速觉察、快速暂停、快速调整。

在哪里"扎下去"

同事沟通中的自我提问，甚至包括对于对方的提问（没错，高效的沟通很多时候需要彼此提问），在哪里"扎下去"是最有价值的呢？是情绪吗？是感受吗？是信任关系吗？这些都重要，但不是要扎下去的关键；真正要扎下去的，一定是更大格局上共同的目标和价值创造，是"我们"。

能做到这一点，同样需要心智模式做支撑。而且，有时候"自主导向"的心智（目标清晰，内心强大，敢于担当并为自己的选择负责）也不足以支撑，需要去向"内观自变"。没错，又来了，我们之前在生活场景中提到过《第五项修炼》及"系统思考"；而在工作中，面对的场景往往更加复杂，就更加需要系统思考。

能够自然而然地做到"在更大格局上思考共同的目标和价值创造"的人，就有机会不被自己的情绪和意图左右，进而引领组织迈向更大的成功。而想要"扎下去"，真的做到这一点，需要我们每天问自己以下问题：

"我们"想去向哪里？

"我们"要为他人、社会带来什么价值？

组织的目标是什么？

更大格局上的价值创造是什么？

基于我在实践中的观察，很多公司的高管团队、部门核心团队、项目团队成员，都很难在对话、开会过程中自然而然地"按下暂停键"，并给自己和他人提出不一样的问题，更不用说自然地进行"系统思考"。这项能力需要经过反复训练，很多时候还需要专业教练的陪跑与持续反馈，才可以个人习得、团队习得。

不过，也没什么难的，只要愿意，每个人都可以习得。比如，我们一起来看场景 3。

场景 3：被同事教练，向自己的思维模式提问

十多年的组织教练实战中，我和团队的教练们一起创造了很多有效提升企业管理者心智模式和领导力的训练方式，支持大家一边高效工作拿成果，一边提升心智、改变行为、实现自我进化。

由于很多管理者不会自然而然地"对话"（大部分人都是滔滔不绝地"讲话"），更谈不上能够在对话中做到快速地自我

提问和自我觉察，因此，我们设计了"基于目标落地的对话训练"环节，旨在通过支持管理者彼此间进行"教练对话"，从而引发他们的自我觉察和自我解惑。

有一个项目中的真实场景，我可以分享给大家。在我曾经带领的一个公司高管团队训练中，有一天，销售副总裁 S 总给供应链副总裁 J 总做教练，他们的对话围绕降本增效展开。

J 总先向 S 总陈述了她当前的很多困难，然后说："S 总，这些就是我作为公司降本增效负责人，目前遇到的困惑。"

S 总："在你刚才的讲述中，这 16 分钟里，我能从你的语气中听出叹气、无助，还提到无计可施。从这些反馈能看出，你前期确实做了不少工作，但没有达到预期效果。那你觉得，正常情况下，降本增效工作应该是怎样一个流程，需要哪些部门和人员参与呢？"

J 总："在降成本流程里，采购处于中间环节，需要质量、研发、技术人员都来参加。"

S 总："站在采购这个关键环节的角度，你如何通过自身努力，将目前的增效从 50%～60% 提升到 60%～70% 呢？"

J 总："现在采购部门已经很努力了，但成效还是不理想，大家为了协调资源耗费了大量精力，可其他部门并没有对降本增效有足够的重视。我在想，是不是因为其他部门没有降本增效的考核指标，所以他们就不重视？难道降本增效就只是采购部门的事吗？"

在整个对话过程中，J 总始终流露出无力感，觉得自己孤立无援。由于得不到其他部门的响应和支持，公司降本增效的目标自然也难以达成。

接下来，S 总问了几个不一样的问题：

假如公司专门成立"降本增效委员会"，并由你来担任负责人，你会做哪些事情？

你觉得公司内部除了采购部门，还有哪些部门能够在降本工作中发挥作用？他们各自拥有哪些权限？又该如何开展工作？

作为这个负责人，你还需要考虑哪些维度的问题？

作为负责人，你认为当前最紧迫的任务有哪些？分别列出来……

内观时刻

这几个问题，彻底引发了 J 总全新的思考。她开始进行深刻的自我提问和内心对话：

我作为降本增效委员会的总负责人，和仅仅作为供应链部门的负责人，在职责和思维方式上到底有什么不同？

如果我一直局限于认为自己只对供应链板块负责，就很难从公司整体的全局视角去思考问题。

我必须学会"跳出来"，从更高的层面去思考。

自我教练

这次教练对话结束时，J总做了总结：

之前我一直苦恼，是因为仅仅站在供应链的角度思考问题，所以困难重重；如果站在公司整体运营体系的角度思考，再回头看供应链环节的卡点，用系统化的思维看问题，情况就不一样了。之前我的思维是，我只负责自己分管的板块，我的发力点也只在这个板块上，一旦工作范围超出这个板块就感到束手束脚；现在我的思维转变为，碰到问题，在开展工作之前，我要先跳出自己的局限，站在总负责人甚至总裁的高度去思考。

我、S总和当天参与对话训练的其他高管，都为J总的觉察感到开心。这个"跳出来"以及"站在更高位置思考"，其实就是站在了"旁观者"的视角，也就是自我教练的视角、系统的视角……

在哪里"扎下去"

亲爱的读者，读到这里，这个案例中 J 总在哪里"扎下去"的？你的发现是什么呢？

我想敏锐的你一定会发现，答案是：思维方式。J 总在自己的思维方式上扎了下去，看见自己原来只聚焦于分管的板块，尽管已经是公司副总裁，但是还没有自然而然地"跳出局限"。

是什么决定了思维方式呢？答案是：心智模式。当 J 总还没有足够的自主导向（自主导向需要有一定系统观，但程度与内观自变的心智有明显差异）心智时，就会呈现对话中的状态。由于企业的快速发展，对高管的心智要求是"稳定的自主导向"以及一定程度的内观自变，如此才能更好地面对各种复杂情景与挑战，智慧决策。

假如你在工作中也希望训练自己的对话能力，提升从对话中快速觉察自己、给自己提问的能力，除了刻意练习结构化聆听，还可以尝试和同事"结对子"，互相充当彼此的教练。这样做可以降低难度（通常自我教练比教练他人的难度更大），更容易帮你建立起信心，为未来成为自己的教练打下基础。

通过和他人对话，
给自己提出哪些本质的问题

在本章的最后，我们来总结一下：通过与他人对话，我们可以向自己提出哪些更为本质的问题。在前文的内容中，我分享了生活里的三个场景和工作中的三个场景，其中涵盖了不同的"内观时刻""自我教练"以及"在哪里扎下去"的一系列提问。那么，这些提问背后隐藏着怎样的规律？提问方式和内容都可以变化，那么不变的又是什么呢？

我总结了以下三个方面（图5-2）。

问心：深入探寻自己的渴望、信念以及价值观。

问行：深度剖析自己的思维模式以及行为模式。

问境：进行深刻的换位思考，关注共

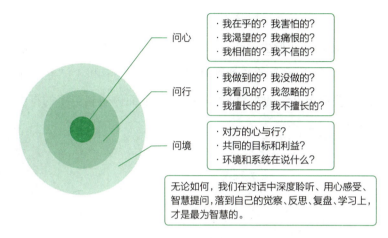

问心
· 我在乎的？我害怕的？
· 我渴望的？我痛恨的？
· 我相信的？我不信的？

问行
· 我做到的？我没做的？
· 我看见的？我忽略的？
· 我擅长的？我不擅长的？

问境
· 对方的心与行？
· 共同的目标和利益？
· 环境和系统在说什么？

无论如何，我们在对话中深度聆听、用心感受、
智慧提问，落到自己的觉察、反思、复盘、学习上，
才是最为智慧的。

图 5-2　问心、问行、问境

同利益，提升格局与系统观，致力于创造共赢的局面。

问心、问行、问境，本质上是我们通过与他人的对话，开启内观自己和提升自己的过程。在这个过程中，我们成为自己的教练，不断实现心智的跃迁和自我进化。我们拥有了自主选择的权利，不再受外在因素的束缚，而是真正拥有源源不断的内在力量。

问心与问行能够帮助我们夯实反思能力，持续提升自我认知水平，让我们洞察自己的信念、价值观以及内心真正的渴望。在繁忙的工作和琐碎的生活中，我们常常走了很久，却忘记了出发的缘由；我们常常深陷于自己构建的无形牢笼中，难以挣脱；我们常常身心不能合一，甚至对自己存在的意义感到迷茫……此时，我们需要停下来，通过问心、问行，唤醒内在的智慧，唤醒内心中沉睡的天才。

　　问境促使我们去关注"对方的心与行"，关注系统与环境。这是一个至关重要的心智跃迁过程，使我们有机会"超越小我"，获取更高维的视角与解决方案，从而体验到更多的自由与喜悦。

6

第六章

进化：
成为自己人生的教练

人生的
"终极三问"

当我培养一批批专业教练，并在不同组织中推广教练文化时，总有人会向我抛出这样的疑问：良钰，你觉得对于我们每个人而言，最重要的提问究竟是什么？

在前几章的内容中，相信大家已经看到我在各种场景下进行的自我提问和自我教练。问题会不断变化，答案也不尽相同。那么，假如真有能"以不变应万变"的绝佳问题，我认为是下面这三个：**我是谁？我要去哪里？我和世界的关系是怎样的？**

我们的一生，或许只有"我从哪儿来"有唯一答案：我们的生命源自父母，这是没有办法改变的。

为什么我会认为以上三个问题是终极好问题呢？因为这是我们终其一生都在探

索和解答的问题，也可以叫作"人生三问"。而且，这些问题的答案是在不断变化的：从毫无头绪，到模模糊糊，再到有些许眉目，继而清晰笃定，随后又产生疑惑。我们不停地探索，直到最终尘埃落定；甚至到最后，我们不再执着于任何答案。

对于绝大多数人来说，这几个问题的答案就是人生的支点。很多人到了"知天命"之年才确定这些答案，他们无疑是人生的幸运儿。毕竟，还有太多人终其一生都没能找到答案。他们缺乏人生的支点，即便努力奋斗、接受大量教育、尝试不同的工作，或者追随不同的导师……却始终处于追随或"疲于奔命"的状态，根本不知道自己究竟要走向何方。

这三个问题看似简单，回答起来却很不容易。

就拿"我是谁"这个问题来说，二十多岁时，我们基本不会思考，或者只有少数人会去思考。那时，我们都在努力学习、工作、挣钱，满心认为"我就是我，是颜色不一样的烟火"。

等到成家立业，我们的角色一下子丰富起来。你要是去问一个三十多岁的人："你是谁？"我敢断言，大部分女性会先说"我是×××的妈妈"；而很多男性则会说"我是一名……（自己的职业）"。

我们都会下意识地选择自己默认的"角色"，或者用自己正在做的事来定义自己。可那个角色和正在做的"事情"，真的能完全代表你吗？

随着年龄增长，生活中有太多事情挤占了我们的时间。当我们觉得时间不够用时，内心的撕扯感便会涌现，这时我们不禁会问："我，到底是谁呢？"

一位五十多岁的科学家兼 CEO 曾在我的培训中分享他夫人的经历：夫人很早就是全职太太，几乎将全部精力都放在他们唯一的儿子身上。直到有一天，儿子留学回来，找到工作后对父母说，以后再也不需要他们的钱，也不再需要他们的照顾。从那以后，这位妈妈陷入了多年的抑郁状态，又经过了很多年才再次"找回自己"。

至于"我要去哪儿""我和世界的关系是怎样的"这两个问题，究竟在探寻什么呢？答案需要我们通过持续不断地自我提问去逐步明晰。如果说第一个问题更多涉及一个人的身份和价值观，那么"我要去哪儿"更多关乎使命和愿景，关乎我们要为这个世界带来什么，关乎我们存在的意义；而最后一个问题，则蕴含着更深的内在假设和哲学思考。有人说"我心即宇宙，宇宙即我心"，也有人说"我就是我，世界是世界，二者毫无关联"。

答案并无好坏、对错之分，关键在于，你开始探求了吗？

你真的开始重视自己的人生支点了吗？

如果你认为"人生三问"很重要，却不知道怎么开始探寻之旅，那么，我诚挚地邀请你：就从持续向自己提问开始吧！

什么时候需要主动给自己提出问题

　　我们究竟在哪些时候需要主动给自己提出问题呢？毕竟，动辄抛出"人生三问"，有时会让人毫无头绪，不知从何下手。我们可以结合日常工作中的难题、挑战、目标及行动来提问，通过觉察、聆听、复盘与对话，持续挖掘答案背后的共性与本质。日积月累，我们对"人生三问"的理解也会越发清晰。

　　在此，我向大家分享三个常见的自我提问和自我对话的场景。

对现状非常不满，迫切追求改变的时候

　　大家还记得吗？在本书的第一章，我

分享过自己在北京五环路上开车，被两辆大货车左右"夹击"的场景。那时，我不禁问自己："我在干什么？我到底在干什么？"

令我不满的，当然不仅仅是自己驾车时的狼狈感受，更多的是我当时的人生状态。也是从那时起，我开始有意识地审视自己的人生状态。

那么，你呢？你对自己目前的人生状态满意度如何？近段时间，你能否听见自己内心的声音？有没有什么特别想改变的事情？你想改变的是自己，还是他人？

我清楚地记得，2015年，在"4D卓越领导力"课堂上，聆听4D系统的创建者查理·佩勒林（Charlie Pellerin）博士授课时，当时76岁的他问了我们所有人一个问题："你今天坐在这里，是来改变自己的，还是想改变别人？"

大家给出的答案各不相同。查理手往窗外一指，笑着说："想改变别人的，去隔壁那个教室！"

没错，他清晰地告诉我们："我在这里，从来不教你如何改变别人。"

对于任何现状的不满，是"谁"在不满？是"现状"本身吗？是构成"现状"的所有人吗？都不是，是我们自己！我们的想法、我们的感受、我们的期待，对吗？没有期待，何来"不满"呢？

这个时候，我们就要向自己抛出强有力的问题：

我对什么不满？

我期待的是什么？

我可能开始的第一步是什么？

著名的"贝克哈德改变公式"（Beckhard–Harris Change Equation，Formula for Change）告诉我们，一个人的改变要如何才能发生。

$$D \times V \times FS > RC$$

其中，D（Dissatisfaction）表示对现状的不满；V（Vision）表示对未来的愿景；FS（First Step）表示迈出第一步的可能；RC（Resistance to Change）表示改变的阻力。

公式前三项是相乘关系，意味着只要其中任何一项为零，改变都难以发生。也就是说，若上述三个问题，你无法都给出答案，就只能维持现状。

有愿景，有方向，但不知如何实现的时候

有时，我们对现状并无太大不满，但怀揣着宏伟的目标，却不知道该如何实现。这时，向自己提出正确的问题就十分重要。

曾经，我和同事们陪跑过一家公司，董事长期望公司的战略能够落地，增长目标能够有效达成。他提出的问题是：

怎样才能让高管团队更加职业化？

然而，当我们访谈高管时，他们表示："我们只有蓝图（愿景），但是不清楚'路径'和落地'策略'，该如何实现目标呢？"

原来，这家公司当年刚完成一次并购，有新高管加入，产品与业务布局发生变化，部分绩优员工被快速提拔到管理岗位。这些改变使得组织目标的达成对个人、团队及组织能力都提出了巨大挑战。以往的经验很快不再适用，且董事长一人的"知道"并不代表所有人都"知道"。

因此，这家公司需要组织教练的持续支持。在这个过程中，我们向高管团队提出许多问题，他们自己也开始学习"提出不一样的问题"，比如"面对这么多不确定，我们拥有的唯一确定的是什么"，从而更快地统一思想、目标与行动。

回到个人层面亦是如此。当我们心中有方向、有愿景，甚至为自己设定了更高目标时，必须意识到，要实现目标，就必须让意识和能力快速进化。

此时，我们需要问出这些关键问题：

我的具体目标是什么？

如何衡量目标的达成？

我需要提升哪些认知？

我需要进化哪些能力？

我需要获得什么资源？

我需要跨越哪些阻碍？

我可能迈出的第一步是什么？

面临重要选择，陷入两难境地的时候

许多职场人到了 35 岁以上，开始遭遇职业发展瓶颈。他们有时对当下工作不满，渴望在获得更多自我成就的同时拥有更多自由。但倘若真的换工作或创业，却似乎面临诸多不确定性与风险，不知如何抉择。

我的不少学员和客户还有这样的困惑：没孩子时生活舒适，有了孩子后，不得不请父母帮忙带孩子，却难免遇到与老人生活习惯、育儿理念不一致的问题。而且，一旦老人很有主见，便会矛盾重重，让年轻父母十分为难，甚至陷入内耗。如果请保姆，不仅开销大增，还涉及与保姆的磨合及信任问题，同样难以抉择。

当生活或工作中面临各种艰难抉择时，我们一定要"跳出来"给自己提问：

不管选择 A 还是 B，在选择背后，我最看重的究竟是什么？

在我最看重的这些方面，选择 A，我能得到什么，又得不到什么？

在我最看重的这些方面，选择 B，我能得到什么，又得不到什么？

除了 A 和 B，是否存在第三种可能性？

系统中还有哪些最重要的利益相关者？他们在乎什么？

怎样的选择能让系统最优？

大家是否还记得，我在 2014 年选择学习教练时，曾纠结于到底是上埃里克森的课程，还是选择谭海引老师的平台，这也是 A 与 B 的两难选择。但是，当我问自己"对我而言，什么更重要，什么最重要"时，就超越了表面的纠结（在哪个平台学习教练），触及本质（要做就做最好的教练，追求卓越）。因此，我选择了同时参加。

所以，**越是身处两难境地，越要探寻本质、超越自我**。如此方能看见不一样的风景，做出不一样的选择。比如，在职业选择上，绝大部分人关注的是"我想要什么"。但是，如果我们的思维方式能转变为"我擅长什么，我能为他人、为社会贡献什么"，就能一下子从生存、竞争的恐惧中解脱出来，清醒地意识到：原来我们完全可以有不一样的活法——**最大限度地发挥自己的优势，帮助他人，为组织、社会、国家做出贡献，同时实现收入增长。**

由此，我们便能获得真正的自由！

五大工具助你
提出绝佳问题

接下来，我将为大家介绍几种非常重要的提问工具——"教练工具"，包括平衡轮、刻度尺、逻辑层次、假设型提问、五位置法。

每一种工具背后都蕴含着独特的思维方式。借助这些工具，我们不仅能更迅速、深入地提出好问题，还能训练自己升级思维模式，有效管理自身的"意识"。而有意识的提问，恰恰就是在有意识地管理我们自己的"意识"，这会带来截然不同的体验，更是自我意识进化的必经之路。

平衡轮

我曾担任企业高管 Lisa 的督导教练，

通过观察她对下属进行教练时的提问水平和教练状态并给予反馈，以此快速提升她作为教练型领导的核心能力。

刘莹因职位变动，最近才成为 Lisa 的直接下属。

那一天，我们三人在 Lisa 的办公室里展开了一场教练对话。Lisa 试图与刘莹就其过去 3 个月内接手新团队后的绩效表现及个人成长进行深度交流。起初，对话进展并不顺利。作为旁观者，我能明显感觉到 Lisa 有些急躁，她多次想直接给刘莹提出建议，但都勉强地将其转化为问题提出，而刘莹并不能直接回答所有的提问。

比如，Lisa 问："你一直在强调要尽快提升个人专业能力，你的团队成员对此怎么看呢？"

刘莹说："他们怎么看不重要。我认为如果我的专业能力跟不上，就没法带好团队。"

实际上，刘莹接手新团队后状态并不好。由于她当前负责的业务与之前不同，且急于出成果，因此压力颇大。很快，团队中便有人直接向 Lisa 反映刘莹难以融入团队，目前团队凝聚力不好。

眼看对话陷入僵局，Lisa 沉默片刻后，在笔记本上画出了平衡轮（图 6-1）。

调整状态后，Lisa 微笑着说："刘莹，我们在良钰教练的课程中都学过平衡轮，现在用它来梳理一下你的工

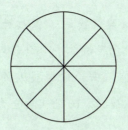

图 6-1 平衡轮

作如何？"刘莹欣然应允。

下面是二人基于平衡轮的对话内容。

Lisa："刘莹，为了带好这个团队、干出成绩，你会在平衡轮里放上哪些内容呢？"

刘莹开始思考，然后在平衡轮中写出了几个维度（图6-2）。

图 6-2 刘莹的平衡轮

写完后，Lisa 继续提问："假如让你给每个维度的重要性打分，1 分代表最低，10 分代表最高，你会怎么打？然后将你目前在每个领域投入的时间精力也写下来，1 分代表投入最少，10 分代表全力以赴，看看结果如何。"

打完分后，Lisa 见刘莹若有所思地看着平衡轮，便给她更多时间思考。过了一会儿，Lisa 追问："看着这些分数，你有什么发现？"

刘莹看着 Lisa 说："我突然意识到，作为空降到这个团队的负责人，我在自身技术学习上花费了太多时间，却很少真正与团队共处……"

在她的平衡轮上，"团队"的重要性被评为 8 分，而时间精力投入仅为 3 分。

我看到 Lisa 露出了欣慰的笑容，她明白刘莹的自我觉察和发现远比"上级告知的答案"更具价值。随后，刘莹主动解释了自己未足够重视团队的原因：作为空降管理者缺乏自信，并提及未来将如何调整和改变。

这个提问工具能够有效提升我们独立、全面、系统思考的能力。回到刚才的案例，如果 Lisa 直接告诉刘莹："你需要全面思考，不能只专注于自身学习和专业提升，更要了解你的团队，这才是最重要的。"

刘莹会作何反应？

大概率她不会深度接受和采纳这个指令性建议。不仅是刘莹，其实我们每个人都不喜欢被要求和指挥，更不用说那些本来就比较有能力且能够快速晋升的职场人了。

而当 Lisa 用平衡轮提问时，刘莹就开启了独立思考。成年人通过独立思考得出的结论，是内生智慧的体现，能让我们更有意愿和动力地去行动。这也是如今很多组织大力培养教练型领导者的原因——激活员工的内生动力和智慧。

平衡轮中的多个维度（不一定非要写满 8 个）能促使我们从多角度思考，而给现状打分（即刻度尺的应用）能让我们觉察差距，从而激发改变的动力和意愿；最后思考"从哪里切入"，实际上是在启发我们洞察不同方面、领域、要素之间的关系和影响，感受并思考真正触发改变的投入产出比，进而实现系统思考，聚焦最具"杠杆效应"的领域，实现突破并带动其他领域发展。

我曾经在给某快消领域知名企业的 50 余位生产总经理做"教练型领导力"的培训时，用平衡轮来共同探讨一个难题：很多工厂面临人员流失率过高的难题，在激烈的竞争中，如何留住优秀员工成为很多总经理的困惑。

运用平衡轮工具，学员在 8 个维度中分别填入"薪酬竞争力""发展空间""团队氛围""技能培训""员工关怀"等关键的"留人"要素。

通过集体讨论，总经理们发现，他们在"团队氛围""员工关怀"等重要维度的投入低得可怜。由此，我引导他们突破单一归因思维，意识到系统平衡的重要性，从系统整体的角度进行改善，解决人员流失问题。

对于企业管理者来说，一旦有了这样的觉察，后续寻找解决问题的关键和方案就相对容易了。

此外，还有一种"人生平衡轮"（图6-3）。

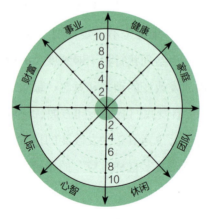

图6-3　人生平衡轮

在这个平衡轮中，我们列出人生中最重要的方面、领域，然后可以进行自我教练。

我给每个领域的"满意度"打1～10分，结果如何？

看着打完分的平衡轮，我有什么觉察？

哪个领域的满意度提高会带动人生整体平衡？

我希望将这个领域的分数提高到几分？

分数提高后与现在相比最大的不同是什么？

这会带来什么不一样的价值或意义？

我准备如何行动？

我将迈出的第一步是什么？

总结而言，平衡轮工具有助于我们养成全面思考和系统思考的意识与习惯。同时，人生平衡轮还蕴含了一种假设：**人生需要追求整体平衡**。当然，并非所有人都以"平衡"作为自己的人生观和价值观，大家完全可以自己选择想要的人生。借助平衡轮，只需要找到当下的"杠杆支点"，从核心领域开始改变就会非常有效。

刻度尺

大家肯定注意到了上述对话中的打分环节用到的另一种工具——刻度尺，也叫作"度量型提问"。它是一种奇妙的提问和对话工具，能够让我们更清晰地感知到目标和现状之间的差距，并有意识地检查、校准前进的进度和有效性。简单来说，它能帮助我们将内心模糊的事物变得清晰，一旦清晰，我们就会有动力和方法去行动。

除了常与平衡轮配合使用进行打分，刻度尺也可单独运用。关键在于通过此工具建立起清晰认知、检查及校准的意识。例如，我们可以经常问自己：

我对这种现状的满意度，1~10分打几分？

我对目标的清晰度打几分？

我目前的信心度，1~10分打几分？

我实现这个目标的内心意愿度，1~10分打几分？

我的投入、意愿、准备情况如何？

我清楚地记得，2014年我刚开始学习教练时，我的加拿大导师讲过一段她的亲身经历。

一个多伦多的年轻人，与女友相恋多年。当他向女友求婚时，却遭到了拒绝。他非常沮丧，因此向导师求助。

导师建议他向女友提问：第一，你嫁给我的意愿度，1~10分打几分？第二，你现在就嫁给我的准备度，1~10分打几分？

年轻人得到了女友的明确回复：意愿度10分，准备度5分。他顿时释然。后来，他们结了婚，导师还受邀参加了他们的婚礼。

在我的教练生涯中，设计了许多基于"刻度尺"的练习，帮助学员和客户进行自我教练。比如，新年时可以问自己下列问题：

　　这一年，我有哪个原本很想实现但未实现的目标？

　　这个目标的重要性，1~10 分打几分？

　　这一年我对该目标的投入度，1~10 分打几分？

　　是什么影响了我的投入度？

　　在过程中我真正想实现目标的意愿度，1~10 分打几分？

　　是什么影响了我的意愿度？

　　新的一年，我继续实现这个目标的意愿度，1~10 分打几分？

　　为什么打出这个分数？

　　假如今年我有不同的投入度，会是几分？

　　这个投入度下会引发什么改变？

　　我准备如何开始？

　　每个人都会有遗憾。在这个充满变化的时代，无论是在工作中还是在生活中，达不成目标并不稀奇。我认为，比达成目标更重要的是，在面对挫折和失败时保持觉知，我们永远是有选择的。

　　使用"刻度尺"提问时，有两个注意事项：第一，没有 0 分，最低为 1 分，因为 1 分代表"有"，意味着还存在希望；第二，不要引导自己或他人减分。例如，不要思考如何把投入度从 8 分降至 6 分，因为这会暗示自己不想要什么。正如我们在前面提到的，大脑不会接受"不要想绿色跳动的小球"这种信号，因此，所有的目标，我们都要积极正向地去描述。

逻辑层次

爱因斯坦说过这样一句话：我们不能用制造问题的同一层次思维来解决问题。

从事教练工作对我最大的帮助，就是学会了升维思考、降维解决问题。很多问题因此迎刃而解，使我有时间深入思考更有意义的问题并做出独特的贡献。在这个过程中，我灵活运用"逻辑层次"这一工具，基于逻辑层次框架提问，无论是自我教练，还是指导他人，都受益匪浅。

2015 年，我成为 BCC（全球生涯教练）的认证讲师。在北京的一次课程中，学员是来自各大高校的辅导员和学校管理者。没想到，在培训第三天早上，我遇到了挑战。

那天是周一，我原本打算打车前往开课酒店，但路况极差。在车上频繁看表后，我意识到自己可能要迟到了，于是赶紧让司机在地铁站旁停车，改乘地铁。

如果说上地铁之前，我还认为"可能会迟到"，那么挤上地铁之后，我确定"真的要迟到了"。作为一名授课讲师，一个自认为极度自律、靠谱、守时的人，我竟然要迟到了！我无法接受这个现实，因此在地铁上不断自责，也不停地问自己该怎么办。同时，心中还有一些恐惧和担心：作为老师迟到，太丢人了！

就在这时，一个基于"逻辑层次"的升维问题浮现出来："我是谁？"

我意识到，今天我是一名老师。接着，第二个升维的问题出现：作为老师，什么是最重要的呢？

当然是对教学负责，对学生负责。那么，假如我今天早上迟到已成定局（当时预计要迟到 15 分钟左右），我该做点什么才能将迟到的影响降至最小呢？怎样才能确保对教学负责、对学生负责呢？

问出这些问题后，我比之前一味地问"怎么办"以及担心迟到丢人时镇静了许多。

我突然想到，今天是培训的第三天，早上学员有 15 分钟左右的时间在小组内复习昨天的学习内容、总结收获并提出一些问题。即便我不在场，这个复习环节也可以照常进行，我只需告知班主任，让大家按计划复习就可以了。

结果，除了我担心的丢人，没有任何不良影响！

你可能会想：良钰，这真的不是什么大事，你当时太紧张了。

也许确实如此，紧张背后，除了责任心，还有对"丢人"和学生"可能不会尊重一个迟到的老师"的恐惧。

让我迅速"跳出来"的，正是逻辑层次工具的应用——我问出了"上三层"的问题：身份、价值观、精神。

逻辑层次模型（图6-4）展示了人们学习和改变的内在等级体系，它告诉我们，在不同的层次上人们的关注点完全不同。而且，往往"下三层"的问题，要靠"上三层"来解决。

图6-4 逻辑层次模型

就像我上课迟到的例子，能让我在地铁上迅速镇定下来的，不是行为层次的"我该怎么办"，而是身份层次的"我是谁"。

我还认识一位"牛总"，他也是我的BCC学员，在我们的教练对话练习中，牛总提出了一个难题：儿子大学毕业了，他想给儿子很多建议，但是儿子根本不听。他为此十分苦恼。

当时，同学们试图给牛总提出"上三层"的问题以启发他思考，但牛总只顾滔滔不绝地讲："我在企业里打拼这么多年，经验很多，我必须告诉我的儿子，让他少走弯路啊……"

我走过去问他："牛总，你想成为什么样的父亲？"

他没有回应，继续表达儿子不行、自己优秀以及想帮助儿子的迫切心情。

我提高音量再问："牛总，你想做一个什么样的父亲？"

他依旧不理会，自顾自地说，同学们都惊讶地看着他。

我几乎是大声喊出来："牛总！你——想做一个——什么样的父亲？！"

这次，他终于停下来，沉默许久后缓缓说道："我想做一个能和孩子交朋友的父亲。"

此时的他，语气和态度与之前大相径庭，变得柔和许多。

他再也没有了先前的"狂妄"，轻声说："我想，如果能和儿子坐下来，像朋友一样吃顿饭，聊聊天，该多好啊……他也是个大小伙子了，是大人了。可是，我现在说的话他都不愿意听，我怎么才能帮助到他呢？"

牛总终于问出了关键问题"怎么才能帮到儿子"，

于是我又提出"夺命三问":"你为什么一定要帮助他呢?是什么让你觉得你永远是对的呢?儿子真正需要的是什么呢?"

那一天,牛总是全班学员中最受触动的人。一个"身份"层面的问题,让他有机会重新审视自己和儿子的关系,以及自己和儿子所看重的"价值"到底有什么不同,也促使他重新思考自己作为父亲的角色和行为。

简单来说,逻辑层次的"上三层"解决"为什么"的问题,"下三层"解决"是什么"和"怎么办"的问题。而我们通常的思维模式仅局限于"下三层",并且在这里不停地兜圈子,因此总是得到不尽如人意的结果。

工作中也是如此。作为组织教练,我发现许多团队管理者一心想着"如何让团队自驱自转",尝试了很多办法却收效甚微,有时甚至引发团队成员的抵触。我认为,可能是这些管理者很少思考以下逻辑层次"上三层"的问题。

愿景:团队自驱自转是怎样的画面?我和团队共同打造了一个怎样的系统?

身份:在这个系统中,我是谁?我的角色是什么?

价值:团队自驱自转对我有何价值?对团队成员又有何价值?

还有一个虽属于"下三层"但同样重要的问题。

能力：作为团队负责人，我需要具备哪些意识和能力，才能激发团队的自驱自转？

如果团队负责人能认真探索这些问题的答案，就会发现团队"自驱自转"是一个由多要素构成的系统。但如果团队负责人自身的意识、能力不升级，不与团队保持共同的学习和进化，所谓的自驱自转可能只是美好的幻想。

基于逻辑层次的提问，对我们的工作、生活帮助极大。可以说，只有掌握了这个提问模型，我们才能体会到提问的艺术，成为解决问题的高手。

假设型提问

有些时候，当我们深陷情绪困境或者不佳状态时，不要说自我提问，即便有专业教练引导，也可能无法激发内在的觉察或清晰的目标。这种情况下，我接下来要介绍的"假设型提问"这一工具，就能发挥重要作用。

2015 年，一个朋友找到我，希望我用教练方式帮助她在工作中认识的合作方王佳。因为她眼见王佳急需帮助却爱莫能助。我欣然答应给王佳做一次教练。但是，王佳的具体情况和需求，我一概不知。

我们通过电话进行教练对话。我清晰地记得，电话那头的王佳声音颤抖，没说几句就哭了起来。当时，她正处于人生的艰难时期：博士毕业后在科技园工作，收入远不及同学，心理上有巨大的落差；老公在国企工作，常年外派，还有了外遇；儿子刚刚 1 岁，由公公婆婆照顾，但她与公婆在生活习惯、饮食习惯和教育理念上差异极大……诸多困难和挑战让她身心俱疲。

听完她的讲述，我意识到，在如此痛苦的境遇中，或许只有从"假设型"问题入手才能帮到她。于是，等王佳情绪稍缓，我问道："王佳，我理解你现在的感受。假如你完全可以创造自己想要的人生，让一切都变得不同，那么在你憧憬的画面中，你会看到怎样的自己呢？"

这个问题让王佳停止了哭泣，她沉思良久后回答："我看到自己和许多企业负责人在我们园区明亮的培训教室里开会。我看上去是一个非常有能力的人，像企业顾问一样，正在给他们传授一些更有价值的知识，而不是像现在这样做一些非常基础的辅助性工作"。

让我惊讶的是，她没有像多数人一样先从婚姻和家庭开始想象，而是直接描绘出与当下截然不同的工作场景。

　　"那么，你仔细看看，在这个场景中你穿着什么颜色的衣服呢？"

　　"我穿着淡蓝色的职业套裙，头发是盘起来的，戴着白色的珍珠项链，还穿着一双白色的皮鞋。"

　　"还有呢？"

　　"我看上去非常有能力，而且十分自信，我在为园区的企业家、CEO们提供专业的企业咨询服务，还得到了领导的认可……"

　　就这样，一个"假设型"提问使王佳的状态发生了巨大转变。对话结束时，她非常坚定地说："也许我会离婚，也许不会。但是，无论如何，我都要成为更加坚强和独立的自己。"

　　几年后，她离了婚，当我再见到她时，她已经成为一家地产公司的高管，凭借自己的能力买了房，独自带孩子。她的打扮也如当初描述的那般：头发盘起，戴着白色珍珠项链，穿着白色皮鞋……

　　此刻，你在想什么呢？这个故事是否给你带来了触动和启发？你是否感受到了"假设型"提问的神奇？

　　这个提问工具的神奇之处就在于用假设的方法解决问题。这是一种极为重要的思维方式。假设可以把未知视为已知，把复杂的关系简单化，帮助我们与他人建立正向的思考系统。

而且，使用假设型问题时，我们能将注意力从难以产生创造性想法的"结构"转移到充满创造力的潜意识视觉空间。就像我和王佳的对话中，她所看见的未来工作场景以及穿着打扮等，都是潜意识视觉空间的呈现，是她内在的智慧源泉，能够帮助她调整能量，迎接未来，改变当下。

我自己也常使用"假设型"问题自我提问。我最常用的是"凡事必有三"：假如我有三个解决方案，会是什么？假如从三个不同维度看问题，会有什么发现？假如有三个人给我建议，他们会说什么？

我也曾用"假设型"问题进行换位思考。还记得在第二章我提到小儿子 Erik 被学校认定"霸凌"的事吗？当时我对"被霸凌"同学的妈妈充满怨恨，觉得孩子被人冤枉、学校胆小怕事、对方妈妈太过分……

直到我问自己：假如我是她，在柔弱无力的儿子向自己哭诉时会怎么想？假如我是校长，面对家长找学校、找警察，最好的处理方式是什么？经过多方假设、深刻觉察和克服恐惧，我才真正释怀。

这里，我为大家列出一些常用的"假设型"问题，希望在你孤立无援、情绪低落或难以突破时，助你改变心态、引发觉察、创造更多可能。

奇迹型发生类假设

假如奇迹发生，所有问题都消失，那时你会感受到什么？会听到、看到什么？

假如你想要的现在都能拥有，你的感受如何？最先会看到什么？

假如明天团队士气和斗志焕然一新，你会看见什么？听到什么？

时间维度假设

假如你现在已经是 80 岁的智慧老人，你怎么看眼下这些困惑？

假如 10 年后你完全活出了自己想要的样子，那时的你会对现在的你说点什么？

角色转换假设

假如你是公司的 CEO，你打算怎么解决这个问题？
假如项目所有的利益相关者此刻都在这里，大家会说些什么？
假如公司最重要的客户听到你们的对话，他会怎么说？

基于价值观的假设

你在乎卓越，假如戴上"卓越"的眼镜看待当下的挑战，会有什么不同？

假如你可以充分地活出那份"成就"和"自由"，会给你的团队带来什么？

行动类假设

假如你现在立即采取行动，会带来什么不同？

假如你能把想法立刻变成现实，你会从哪里开始行动？

假如没有任何因素、任何人可以阻挡你，你的第一步要做什么？

五位置法

本书旨在帮助读者学会成为自己的人生教练，目标是让大家日后能独立解决人生中大多数问题，甚至通过自己的成长进化减少问题的产生。

那么，如何通过自我提问来实现这一目标呢？除了上述工具和方法，还有一种高效提问工具——五位置法，也叫"感知位置"。它能训练我们自然而然地换位思考、系统思考，从而拥有多方共赢的视角格局，并保持临在当下的学习者心态。

下面我会通过一些具体场景向你展示这一工具的用法逻辑，相信你一定会领略到它的魅力。

　　2020 年，我参加了一个教练项目，负责给某大型民企董事长助理云总提供一对一教练服务。随着交流的深入，我了解到云总是这家公司董事长兼 CEO 的发小，也是未来 CEO 的继任者。

　　在一次对话中，云总提到令他深感无力的高管会议。在他眼中，每次高管会议上，军人出身的董事长就像个"大家长"，滔滔不绝地表达想法和要求，高管们则像"幼儿园孩子"，只是听令行事，不表达自己的观点，会议沉闷缺乏活力，更谈不上创新。面对这种情况，云总虽想改变却不知从何入手。

　　我基于"五位置法"，依次问了他如下几个问题。

　　在这样的会议场景中，你的感受是什么？最在乎的是什么？

　　假如你站在董事长的位置，面对高管团队，董事长的感受会是怎样？最在乎什么？你看到的云总是怎样的？

　　假如你成为会议中的高管，会有什么感受？在乎什么？你看到的董事长和云总又是什么样？

　　假如你是墙角的摄像机，能够看到整个系统，你有什么发现？

　　接下来，我们转换到学习者位置："云总，假如你能抽离出来，站在'摄像机'的视角，你有什么发现和感悟？你未来打算采取的行动是什么？"

这次对话让云总开始深刻地"内观自己"并寻找可行的策略。他原本觉得是董事长的问题，自己无力改变，而通过思考这些问题，他意识到这不是某个人或团队的问题，而是系统的问题。

在思考和对话中，他觉察到董事长开会时总是急于让高管直面问题，提出创新提案，而高管们则因害怕被批评选择沉默，云总自己则陷入纠结的情绪，在会议流程设计、主持和主动提案上毫无作为——所有人都没有采取任何"不一样"的行动……

最让云总触动的是，当他站在"摄像机"的视角看到系统全貌时，看到自己对董事长只有期待和不满，却没有任何"向内求"。他说："良钰教练，我现在明白了，我不能只想着改变董事长，我要做的是从改变自己开始。我会在高管会议上多思考、主动发言，带动大家思考和创新。不用怕被董事长批评，他想要的，其实是我们都有所作为。"

五位置法的具体位置如图6-5所示。

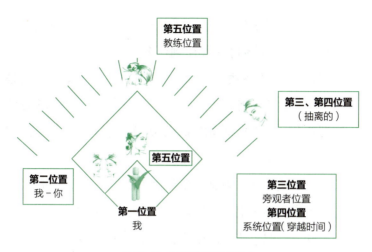

图 6-5　五位置法示意图

图片来源：法吉系统组织教练 VIC-高绩效个人教练培训教材。

第一位置：我。用自己的眼睛看世界，关注"我"的感受、期待、信念和假设——很多时候，我们解决不了难题，正是因为只局限在该位置看世界，缺乏换位思考的意识和能力。

第二位置：我-你，对方的位置。用对方的眼睛看世界，体会对方的感受、想法、期待、预设，以及对方眼中的"我"。

第三位置：旁观者位置。即其他利益相关者的视角，能同时看到"我"和"你"。

第四位置：系统位置。在这里能体验到整个团队或组织，是形成"群体思维"和"团队精神"的全面角度，是真正的"我们"所在之处。

第五位置：教练位置。关注当我们在不同位置转换时，如何实现总体平衡？我们能从中学到什么？

"五位置法"在解决工作和生活难题时非常有效，尤其是当面对多个利益相关者时。例如，我辅导过一些空降到企业的人力资源总监，他们在推动内部干部培养项目时，尽管已经获得 CEO 的批准，但失败率还是很高。

通过"五位置法"对话，他们深刻意识到自己和董事长、高管们的关注点差异很大。作为空降的人力资源负责人，要去深刻地感知"组织系统"正在发生什么、外部环境如何影响系统运作、自己如何为系统平衡做出贡献，而不是执着于"某一个项目尽快成功"。

我曾经在一家生物制药领域头部企业中支持高管们学习提升心智模式。当时他们遇到的一大难题：如何获得大型医院院长的支持，使某药物进入医院采购清单。大家一直纠结的问题是：院长为什么会支持我们？

当高管思维局限于医院和公司时，永远无法破局。于是，我带领他们用"五位置法"练习时发现，有人很自然地就把患者纳入考量。大家这才意识到，其实公司和医院根本不是对立的关系！而是服务患者的同一系统中的不同关键要素，大家的目标和使命都是一致的。不仅如此，一度让人头痛的"如何影响地方政府"也不再是个难题。

格局提升、系统观建立后，原本的难题便有了创造性的解决方案，关键就在于从"我"走向"我们"。

"五位置法"同样适用于生活难题。

曌乾教练组织的一位学员曾在课堂上提出是否要离婚的教练话题。当时，她与丈夫关系破裂，但因为工作、孩子等原因暂未分开。

通过"五位置法"提问，她深入探寻了自己、丈夫、孩子、公婆等利益相关者的需求，抽离出来审视整个家庭系统。对话结束时，我清楚地记得，她虽然流着泪，却坚定地说："我暂时不会离婚。"因为她看到了离婚对家庭系统的影响，而在暂时不离婚的情况下，她既能有阶段性收获，也能对孩子和家庭更负责。

如果你正面临类似的挑战，我建议你尝试用"五位置法"进行自我提问和自我教练，你会有完全不一样的体验。如果你觉得自我教练有难度，可以找信任的伙伴或专业教练帮忙。

总之，"五位置法"本质上是帮助我们建立系统观和提升格局。通过感知不同位置的感受、期待，以及从"我"到"我们"的抽离体验，能快速转换视角、转变思维、内观自我、触发改变。

如果你想详细地了解如何通过"五位置法"来自我提问，可以参考表6–1。

表 6-1 五位置法提问

位置	自我提问
第一位置： 自身位置	回想起这段关系，你的感受是什么？ 你的观察和发现有哪些？ 如果给情绪打分（1~10 分），你现在是几分？ 你想对对方说些什么？还有呢？ 你最在乎的事是什么？
第二位置： 对方位置	坐到对方的位置上，现在你就是对方。 看到 ××× 坐在对面，你有什么感觉？ 关于这件事，你是怎么思考的？ 你有什么想对他说的？ 你最在乎的事是什么？
第三位置： 旁观者位置	你听到了他们的交流，作为旁观者你有什么发现？ 你看到的事实是什么？ 你分别想给他们什么样的建议？ 作为重要的利益相关者，你有什么需求？
第四位置： 系统位置	从整个系统来看，你看到正在发生着什么？ 还有哪些人或事可能会被影响？ 对于这些影响，你有什么新的觉察？ 系统中发生一点怎样的改变，会对你的目标达成有帮助？
第五位置： 教练位置	现在你有什么感受？ 经过这样的对话，你有什么发现和学习？ 对于这份觉察，你愿意采取什么新的行动？

做自己的人生教练，
围绕三大系统提出好问题

　　成为自己的人生教练，意味着培养一个清醒的"旁观者视角"——它能观察、陪伴、支持你，这是非常神奇和美妙的体验。为了系统地呈现自我教练的方法，我将通过我设计的"人生三系统"教练模型（图6-6）揭示提问如何贯穿个人成长的全局。

　　大多数人的人生由事业、家庭、个人三大系统交织构成，它们相互影响，形成动态平衡的人生网络。当然，也有很多人选择以"个人系统"为核心构建人生，同样可以拥有灿烂的人生。

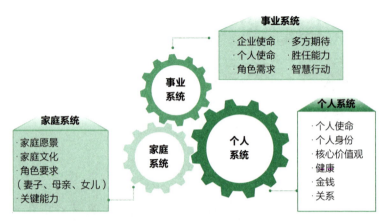

图 6-6　人生三系统教练模型

事业系统：从工作到使命的跃迁

每个系统的良好运转，都依赖于其核心要素及要素间的有效关联。以事业系统为例，如果希望获得事业成功，个人使命须与企业使命高度关联甚至重合，否则我们只是在"工作"，而非拥有值得终生奋斗的"事业"。

比如，我的公司——曌乾教练组织，公司使命是"聚教练智慧，助组织成功"，每位合伙人的个人使命都与之相关联。有人致力于"打造有温度的团队"，有人专注于"助力创业者的心智成长"，我的使命则是"传播教练智慧，促进人类意识进化"。

在事业系统中，除了使命驱使，我们还需明确组织对个人的角色期待与胜任能力，通过持续的智慧行动取得成果，实现个人成长。

家庭系统：超越琐事的价值共识

家庭系统的核心要素包括家庭愿景、家庭文化、角色要求、关键能力。多年来，我观察到很多家庭经常陷入"做什么""怎么做"的困境，频繁产生各种矛盾，尤其在子女教育、家庭消费、成员分工等方面，却很少有人能从逻辑层次的"上三层"思考"为什么"。

比如，在二孩家庭中，孩子之间及父母之间很容易产生不同意见甚至争吵，很多父母对此头疼不已。但如果能从系统的角度去思考问题，其解决方法就变得非常简单：一家人在家庭愿景、文化和价值观上达成共识，然后勾勒出不同阶段的共同目标、原则和价值观，以此来规范彼此的行为。

就像我家，每个人都认同以诚实、责任、进取为底色的家庭文化。我和孩子爸爸以身作则，有错误就承认，承诺的事情就做到，坚持自主学习……孩子们自然会模仿和学习。

个人系统：人生的终极支点

个人系统的六个要素构成了个体独立生存和发展的良性系统。很多人可能一生都未曾探索过"使命""身份""价值观"

这些"上三层"的问题。但作为生活在 21 世纪、未来可能与
人工智能竞争的个体，我建议一定要有意识地探索这几个方
面。这些问题能为我们的人生提供"支点"，一旦有了清晰的
人生支点，我们的内在将感受到前所未有的笃定与从容，让我
们有定力和心力面对纷繁复杂的外部世界。

　　那么，作为人生教练，在三大系统层面，我们该如何给自
己提问呢?

　　大家可以参考图 6-7 的提问。当然，我相信每个人都能创
造出其他不一样的问题，帮助自己明确每个系统中的目标、现
状以及可以改变之处。

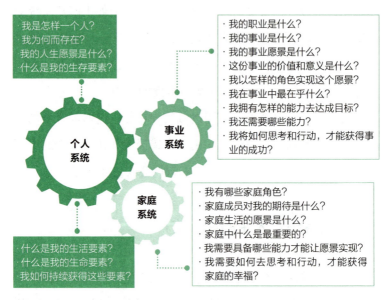

图 6-7　人生三系统的提问

进化：第六章
成为自己人生的教练

系统冲突，如何破局

如果你正面临"两个系统的不和谐"，比如，女性高管即将被长时间外派，而孩子还小需要照顾时，便会引发家庭系统与事业系统的冲突。此时，从这两个系统中进行取舍一定是很难的，因此我建议你从个人系统入手，一旦个人系统清晰笃定，往往能促进另外两个系统的协调运转。

我以自己的个人系统为例，向大家展示这些问题的答案，希望能给大家带来启发。

我是怎样的一个人？

我是一个真诚、卓越且有使命感的人。真诚与卓越是我的核心价值观，使命感是驱动力。

我为何而存在？

我是宇宙中一个普通的生命。我的存在让家人拥有美好的生活，也会加速职场人及组织的进化。

我的人生愿景是什么？

激活组织生命活力，释放个体无限潜能。我想看见千千万万个组织成为真正的生命体，与组织中的个体和谐共生、共同进化。

什么是我的生存要素？

干净的空气、食物、水、安全的住所。

什么是我的生活要素？

233

健康的身体、谋生的能力、和谐的家庭。

什么是我的生命要素？

持续的成长、内在的平和、对外的贡献。

我如何持续获得这些要素？

当我聚焦在个人的"生命要素"上，生存与生活需求自然会得到满足。我会聚焦"对外的贡献"，在持续的行动中保持"内在的平和"与"持续的成长"。这里的成长，是我能保持意识进化与内在觉知，最终成为一个生命觉者。

曌乾组织教练成立之前，我是自由自在的独立教练，收入高，幸福感强。但自从 2018 年 43 岁的我决定创业，便经历了很多艰难困苦。我还记得，公司刚成立三四年时，我并未察觉个人系统与事业系统的不和谐已经影响到家庭系统的稳定。即便我全身心地投入工作，却因缺乏创业经验，面临能力和认知不足的问题，不仅个人收入不佳，身体状态也不好……

没有人理解我内心的苦楚，就连我爱人、老妈、弟弟也不理解我为什么要放弃原本的好工作去创业，而我也解释不清这一切到底是为什么。甚至有一次，我在内心极度煎熬时，一口气喝下半瓶 50 度的洋酒，那是我人生中第一次喝醉，头痛欲裂，呕吐不止……

但无论如何，我都没有放弃教练事业，依然坚持了下来。有一天，我爱人跟我说："我看出来了，良钰同志，你不是拿教练当事业做，你是拿教练当信仰……"

那一刻，我知道他真正理解了我，也真正接纳了我的创业。此后，我并没有从家庭系统入手解决矛盾，而是通过持续梳理个人系统让自己笃定。在最艰难的时候，支持我的始终是这个问题：

良钰，这么难，你为什么还在做教练？

因为我是教练的受益者，我笃信教练智慧能帮助更多人，我认为自己有责任传播教练智慧，这就是我存在的意义。

我们的一生，大多活在自己构建的意义里。

提问之道：
在知行合一中保持进化

一个出色的人生教练，必然是终身学习者，是自我进化的践行者。

进化与成长最大的不同，在于成为自己的"观察者"，能够时刻保持觉察、反思、复盘，善于聆听、对话，有意识地调整当下的情绪和想法，带着觉知行动，实现真正的知行合一。

如果让我用一句话来总结人生教练的"提问之道"，那就是：**让好的问题贯穿"三大系统"，遵循五大步骤，促进知行合一，实现自我进化。**

这里的进化，是意识向更高维度的转化，伴随内心的坚定、当下的觉察、格局的提升、持续的反思以及智慧的行动（图6-8）。

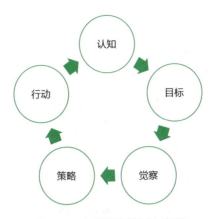

图 6-8　自我进化的五大步骤

拓展认知

坦白说，大部分教练工具和方法，都在强调"先明确目标"，这对于"快速做成某事"确实会有所帮助，但并不一定能支撑人的成长。因为，我们多数时候"不知道自己不知道"。

当我们处在"不知道自己不知道"状态时，往往容易制定错误的目标，走很多弯路，缴纳无数的学费。因此，我始终强调：保持学习和持续拓展认知是非常重要的。

比如，一个企业负责人将目标定位为"超过竞争对手"，却不思考企业的初衷、客户的需求以及"超越竞争对手"能给客户带来的价值；或者一个家长执着于"孩子必须坚持学钢琴""孩子必须考上'985'"等目标，同样忽视了孩子的个体发展差异。

✦ 自我进化时刻

作为自己的教练，我们在"拓展认知"时，要敢于问自己：

面对当前的挑战或困境（如创业、育儿、管理、变革等），我需要具备哪些基本认知？

我如何获取这些认知？

假如我必须马上行动（无暇进行系统性学习和实践），我怎样最大化地做到边做边学？

假如我处于"有意识无能力"阶段，我如何快速提升自己的能力？

目标导向

促进知行合一和自我进化，还需要我们从长远、系统且有意义的目标出发，向自己提问。这个目标不仅关乎个体自身，在家庭和事业系统中，还会包含自己的"角色"及"他人的期待"，这能让我们超越个体的需求，上升到更高维的系统层面，也就是逻辑层次的最高层——精神（系统、使命、愿景），从而"问"出自己真正的心之所向。

比如，有些职场人制定目标时会过分关注"成就感"，尤其是团队负责人若过于看重成就感，很可能会影响团队的绩效。因为"成就感"只是个人的"感受"，而"感受"非常容易被改变，聚焦在个人感受上，很可能会忽略原本更加重要的团队目标。

✦ 自我进化时刻

作为自己的教练，我们在"目标导向"时，要敢于问自己：

我内心最渴望什么？

我要担当哪些角色？

需要我换位思考的是什么？

这个系统里面还有哪些利益相关者？他们在乎什么？

我渴望怎样的目标与成果？

什么样的目标能实现多方共赢？

深度觉察

我们为什么经常无法做到知行合一？我们暂时就"知行合一"的表层解读"知道并做到"来展开讨论，其实不一定是我们能力不足，作为一名专业教练，我观察到的原因更多是没有开启觉察，没有给自己提出好问题和真问题。

以我制定减肥目标却失败为例，其实我在定下"减到 × ×公斤"的目标时，内心便响起一个声音——"差一点也没关系"，但我并没有面对和处理这个声音。

就是这个"差一点也没关系"的想法，一直陪着我，在我减肥的那段时间里，我无论如何都没有达成目标，坦白说，减肥计划根本无效。

当我出差跟客户在一起吃饭时，"差一点也没关系"；当我运动后又跑去吃火锅时，"差一点也没关系"……

良钰，你真的想减肥吗？这是自己的心之所向吗，还是仅仅是大脑给自己的又一个"应该"的指令？你只是觉得"如果瘦下去会更好"，但即便不改变，其实你也可以接受，不是吗？

当我们自己都意识不到心与脑不能合一的时候，目标怎么能达成呢？

因此，目标清晰后，不要马上去思考策略、路径与方法，不妨停下来先向自己提问。

✦ 自我进化时刻

作为自己的教练，我们在"深度觉察"时，要敢于问自己：

我实现目标的渴望程度，1～10 分打几分？

我害怕或担心什么？

哪些底层假设和信念支持我达成目标？

哪些底层假设和信念阻碍我达成目标？

为实现目标，必须面对和跨越什么？

关于目标，还有哪些想法和情绪冒出来？

什么会干扰我达成目标？

创造策略

好的策略和方法，会在我们"心无旁骛"的状态下自然生发。这个阶段，我们依然要先向自己提问。

✦ 自我进化时刻

作为自己的教练，我们在"创造策略"中，要敢于问自己：

面对目标和成果，我有哪些解决方案？

性价比最高的是哪个？

若利益相关者看到解决方案，会作何评价？

若有更高视角的指引，那是什么？

谁可能反对这个策略？我要如何调整？

我需要聆听什么？与谁保持对话？

我还需提升哪些能力来落实方案？

我还有哪些资源？

制定这个方案，让我觉察到自己的什么？

智慧行动

经过前几个步骤，终于到了"行动"环节。我之所以用"智慧行动"这个词，是因为我们必须带着觉察行动，并保持反思、复盘、及时的自我对话和调整改进，只有这样才能实现

"行"到"知"的闭环。

当然，行动的过程中，还有各种挑战会出现，这时给自己提问同样非常重要。

✦ 自我进化时刻

作为自己的教练，我们在"智慧行动"时，要敢于问自己：

我会制订怎样的行动计划？

我能迈出的第一步是什么？

过程中还有什么会阻碍我？

我如何让自己坚持？

我如何知道行动的有效性？

我会为自己设定怎样的监督和支持系统？

我如何在行动中保持学习和进化？

成果源自行动，而持续有效的行动，源自我们脑、身、心始终如一的和谐与统一。

结语

现在是 2025 年 1 月 15 日 19 点 36 分，当我敲下正文的最后一个字，恍然发现：这本书的本质，是递给你一把雕琢人生的黄金锤——

它的锤头，是关键时刻的"灵魂发问"，助你敲碎惯性思维的枷锁，在迷茫与困境中找到前行的方向。

它的握柄，是觉察、聆听、复盘、对话与自我教练，为你在成长的道路上提供稳固的支撑。

而握柄上的纹路，是无数践行者用真实故事刻下的生命密码，那是智慧与成长的见证。

愿你紧握这把"黄金锤"，在持续的自我探索中保持清醒与觉知，在一次次敲击中，实现从内而外的进化。

感恩相遇，愿你成为自己的人生教练，成就最美好的人生。

每个人都可以成为自己的人生教练

我做教练十二年了。每每回忆自己的教练生涯，总有一幅画面栩栩如生地展现在我的眼前。

那是 2014 年 4 月，我在教练课堂上被同学教练的情景。我清晰地记得对方问我：

未来，如果你成了一名卓越的教练，你会看见怎样的一幅画面？

我看见了：

我站在一个类似天安门城楼的地方向下俯瞰，下面人头攒动，他们都展露出非常灿烂的笑容。我能看见大家发光的面孔以及雪白的牙齿，那是画面中闪耀的色彩。

画面中，我不知道我是谁，但是我确定，是因为我做了什么，才使他们如此开心，笑容如此绽放。

十几年过去了，我自踏上教练这条路，就没有回头。而且，我和我的同事们已经共同创造出了一个又一个支持个人（团队／组织）成长与成功的精彩画面。

我想，有生之年就做一件事：传播教练智慧，帮助更多的人成长与进化。

由此，这本书应运而生。它记录了我的人生体验和成长历程，承载着我的使命与价值观。

回顾这本书的创作过程，起起伏伏，充满挑战。

我清晰记得，在 2024 年 8 月，当我和刘 Sir 以及书香学舍的伙伴们一起讨论选题的时候，他们给我提出的问题：

良钰老师，你说了这么多，作为教练，你到底会什么？

直到现在，我还清楚地记得自己当时几乎崩溃的心情：啊？我说了这么多，好像大家还是不知道我是干什么的！

直到我穷尽了所有努力，突然冒出一句："我会提问！"大家才一起拍案叫好，就是它——提问！而且，是给自己提问！

啊？提问，这有什么可说的？无论是给自己提问还是给他人提问，作为教练，这已经是我融入骨髓和血液的常识与习惯，是我闭着眼都会做的事呀！这怎么可能写出来一本书呢？我要写书哇！

结果，不是"教练"，不是"领导力"，不是"效能"，更不是什么"使命驱动"和"自我觉醒"，为何偏偏是"提问"让所有人激动不已呢？

大道至简，上善若水。我开始懂得了，越是看似简单的东西，往往越不简单，其中蕴含了丰富的哲理和神奇的力量。

方向和大纲确定后，又一次讨论中，刘 Sir 特别提示我：

良钰老师，你先别写书，你先去做课件。把你要写的内容做成 PPT，尝试给大家"讲出来"。你一定要带着"同理心"去面对广大的读者，他们是几万、几十万人，年龄、背景、地域都不一样，你怎样才能让他们都能理解你说的话？

正是这句"带着同理心去面对广大的读者"，成了我创作中的座右铭。我真的去设计了课件，精挑细选了案例和故事，设计了简单的模型。

我所能做的，就是极度的简单、极度的真实、极度的谦卑、极度的平常，把原本自己特别想说的"使命引领、心智跃迁、自驱自转、系统思考、深度觉察、提高效能"，把我最擅长的各种教练模型、工具、提问方式，变成"带着同理心"的一个又一个生活、工作中的真实场景，展现给所有读者。

因此，就有了这样一本《学会给自己提问》。

我相信：每个人都可以学会提问，成为自己的教练，找到勇气，找回自己，掌控人生，自我进化。

我更相信：每个人都可以在赋能自己的同时赋能环境，通过自己的成长，让他人、家庭、团队、组织、社会也同时受益，创造共赢。

让我们一起，携手成长，共同进化！

刘良钰